Ich beschloss irgendwann meine eingebundenen Strukturen in Deutschland aufzulösen und einfach mal los zu ziehen. Ich wollte herausfinden was passiert, wenn man ohne Netz und eben auch ohne festes Ziel in der Welt unterwegs ist. Also verzichtete ich auf mein Einkommen, kündigte mein Haus und meiner Krankenkasse. Ich kaufte mir ein altes Wohnmobil, verabschiedete mich von meinen Freunden, steckte mir die letzten verbliebenen 1000 Euro in die Tasche und brach Richtung Süden auf. Nach knapp einem Jahr kehrte ich, immer noch mit den 1000 Euro in der Tasche, zurück.

AF199749

Danksagung

Ich möchte mich ganz herzlich bei all denen bedanken, welche mich auf unterschiedliche Art und Weise auf dieser Reise unterstützt und inspiriert haben.

Mein besonderer Dank geht an Thomas E. (Katalonien), Klaus H. (Andalusien), sowie an Mariella F. (Andalusien) und Susanne M. (Deutschland). Mein ganz besonderer Dank geht an meine Eltern.

Jeoma Flores

Sein im Unterwegs Sein

Tagebucheintragungen
über eine Reise ins Ungewisse

© 2011 Jeoma Flores

Autor: Jeoma Flores
Umschlaggestaltung: J. F. Hofrichter

Verlag: tredition GmbH, Hamburg
ISBN: 978-3-8424-8772-7
Printed in Germany

Inhaltsverzeichnis

Zen bedeutet, das Leben zu leben in seiner ganzen Fülle. Der unmittelbare Zugang dazu ist uns Menschen jedoch anscheinend versperrt. Es scheint so, als ob die niemals schweigende Stimme der Gedanken ihn durch hartnäckige Ideen und urteilende Vorstellungen blockieren. Die permanente Beschäftigung mit sich selbst und die ständige Ich-Bezogenheit verursacht immer wieder Leiden. Im Zen geht es unter anderem darum dieses zu lösen. Dennoch hat Zen kein Ziel und ist rein mit dem Verstand nicht zu erfassen.

Aufbruch

Im Prinzip war alles bereit. Meinen Hausrat hatte ich soweit aufgelöst, meine Gitarrenschüler verabschiedet, meiner Krankenkasse gekündigt und das kleine Wohnmobil mit dem Nötigsten, was man so für eine Reise ins Ungewisse braucht, ausgerüstet. Das Nötigste bestand dann neben Wäsche und Kleidern aus meiner Gitarre, meinem Digitalpiano, Akkordeon, Notebook und einem Mikrofon um unterwegs meine Musik aufnehmen zu können. Der größte Teil meines Gepäcks bestand jedoch aus Noten aller Art, sowie mehreren hundert von mir selbst eingespielten und produzierten CDs, welche ich hoffte unterwegs zu verkaufen, um mir davon Essen und Benzin leisten zu können. Nun, nachdem mir klar wurde, dass ich noch eine Abschiedsparty konditionell nicht durchstehen würde, beschloss ich dann auch los zu fahren. Erstmal kam ich nicht sonderlich weit. Ich wollte noch einen Freund, ca. 30 km entfernt wohnend, besuchen, welcher abgelegen in einer alten Mühle wohnt. Als ich dort ankam und feststellte, dass es da außer Gänsen und Pferden nichts weiter gab, beschloss ich eine Weile zu bleiben. Dies hätte eigentlich schon das Ende meiner Reise bedeuten können, denn es gefiel mir ausnahmslos gut da. Nach circa zwei Wochen jedoch sagte ich zu mir: „Jeoma, komm jetzt, die Welt wartet darauf entdeckt zu werden, weiter geht's." Und so machte ich mich auf den Weg Richtung Süden.

Der Narr

Das Unterwegssein gefällt mir sehr gut. Seit ich Deutschland verlassen habe, geht es mir von Tag zu Tag besser. Ich hoffe, das geht weiter so. Ich habe den Eindruck, als ob ich Kilometer um Kilometer meine Vergangenheit hinter mir lasse. Alle Schwere fällt von mir ab und es entsteht das Gefühl, als ob die Dinge wieder zurecht gerückt werden. Vielleicht wäre für jemanden anderes die Vorstellung, nicht zu wissen, wo man nächste Woche sein wird, womit man sein Geld verdient und wo man schlafen wird, etwas Schreckliches. Ich merke, dass genau dieses Nichtwissen mich wach macht und in mir ein sehr lebendiges Gefühl aufrecht erhält. Ich weiß, dass in den nächsten Monaten meine Intuition und mein Vertrauen auf den Prüfstand kommen werden. Es fühlt sich an wie ein Sprung ins Unbekannte und ich sage mir, wenn ich es schaffe, meiner Intuition zu folgen und das tue, was sich „richtig" anfühlt, wird schon nicht so viel schief gehen.

Als ich die Grenze von der Schweiz nach Frankreich passiere, entspanne ich mich augenblicklich. Alte Urlaubserinnerungen werden wach und im Radio spielen sie alte französische Chansons. Ich beschließe eine Pause zu machen, um einen Milchkaffee zu trinken. Ich beobachte die Leute in der

Bar und fühle mich ihnen nah. Habe so den Eindruck, dass manch einer sich so durch das Leben navigiert, wie ich es gerade tue. Gemäß dem Gesetz der Resonanz umgibt sich ja der Mensch gerne mit seinesgleichen, da er vielleicht da den Eindruck hat: „Nun, wenn es da noch andere gibt, die die Dinge so wie ich handhaben, kann ich ja nicht so falsch liegen." Dann entsteht merkwürdigerweise auch sehr schnell dieses Gefühl von „sich zu Hause" fühlen.

Nun, irgendwann am Abend komme ich an meiner nächsten geplanten Station an. Es ist ein sehr spezielles Haus in den französischen Alpen. Ich kenne die Leute nicht. Der Kontakt kam über das Internet zustande. Sie hatten von mir und meinen Plänen gehört und mich dann eingeladen, bei Ihnen zu übernachten. Ich fühle mich sofort wohl da. Jeder ist ein wenig verrückt und das gefällt mir. Ich beschließe, eine Weile zu bleiben. Es ist, als ob hier jeder in diesem Gefühl von Nichtwissen lebt, so mein Eindruck. Auch spüre ich, dass niemand vom anderen groß etwas erwartet. Vielleicht entsteht gerade dadurch diese angenehme Atmosphäre von Freundlichkeit und Unterstützung. Es ist ein sehr stilles Haus. Nirgendwo läuft Musik. Wie angenehm. Ich treffe Leute aus verschiedenen Ländern hier. Jeder mit seiner Geschichte und seinen Hoffnungen. Die Sprache im Haus ist französisch. Auch das gefällt mir sehr gut. Wenn ich nicht wirklich mich konzentriere, verstehe ich überhaupt nichts. So kann ich in Ruhe meinen Gedanken nachgehen und niemand nimmt mir es übel, wenn ich mich nicht am Gespräch beteilige. Wenn ich möchte, kann ich mich ja einklinken und wenn ich mal wieder meine Sachen suche und "Lunette" mit "Susette" verwechsle (Brille und Lutscher), freuen sich alle sehr. Die Reise ist bis jetzt sehr spannend und ich weiß nicht, ob sie morgen, in zwei Jahren oder nie zu Ende sein wird.

Frühere Leben

Mit der Zeit komme ich mit den Menschen hier ins Gespräch. Und wie überall auf der Welt stelle ich fest: Wenn der Mensch sich für einen Moment selbst vergisst, kommt er anscheinend leichter ins Hier und Jetzt. Sobald er über seine eigene Situation anfängt nachzudenken, verändert sich seine Körperhaltung, seine Atmung und auch die Stimme wird anders. Dann ist es richtig spürbar, wie dunkle Wolken um seinen Kopf kreisen. Meistens wird es dann langweilig. Sehr oft finden wir es in diesen Momenten schwierig, Verantwortung für uns, so wie wir sind, zu übernehmen. Auch hier in diesem schönen Haus, mit den netten Leuten, stelle ich fest, dass da anscheinend bei manchem ein Zwang besteht, sich immer wieder in seinem Gedankenkarussell und damit in seinem Unglück regelrecht zu suhlen. Wir haben uns daran gewöhnt und wollen auch nicht da raus geholt werden. Denn der Weg in ein freieres und unabhängigeres Leben kann mitunter sehr steinig sein und am Ende hat man das Gefühl, nirgendwo hin zugehören, zu keinem Land, keiner Gesellschaft und keiner Gemeinschaft.

Wie auch immer, irgendwann kam hier jemand auf die Idee, ich sei die Wiedergeburt von König David. Ich wusste darauf nichts Konkretes zu erwidern, da ich ja auch nicht das Gegenteil davon beweisen konnte. Ich klinkte mich rechtzeitig aus dieser Diskussion aus und radelte immer öfter ziemlich ziellos durch die französischen Alpen, badete zwischendurch in den Gebirgsbächen und sprang dann auch mal nackt von Fels zu Fels. Einmal überraschte mich dabei ein französisches Pärchen, welches offenkundig große Freude an meinem Anblick und meinem Spiel hatte. Warum bin ich nicht als Ziege auf die Welt gekommen? Nun, was nicht ist, kann ja noch werden. Die Reise hat erst angefangen.

Recht haben

Oft sitze ich in einem kleinen Café an einem Bergbach, indem man sogar schwimmen kann. Ein paar Kinder spielen am Wasser. Meistens bin ich in diesem Café der einzige Gast. Ich möchte es nicht anders haben. Ich beobachte die Kinder beim Spielen und für mich sind sie im Fluss, im wahrsten Sinne des Wortes. Dabei lasse ich meine Gedanken ziehen. Es braucht noch Zeit, die letzten Monate und Jahre auch innerlich abzuschließen und zu reflektieren. Vieles habe ich bis heute nicht verstanden, warum manches sich so ereignet hat und nicht anders. Warum zum Beispiel scheiterten immer wieder Versuche an bestimmten Formen des gesellschaftlichen Lebens teilzunehmen? Warum war ich nicht fähig, mich in vorhandene Strukturen einzufügen? Ich konnte nur existieren, indem ich mir eine eigene Welt erschuf, welche mir das Überleben sicherte und möglichst versuchte gesellschaftliche Normen zu ignorieren, denn das, was viele Menschen sich aus meiner Sicht tagtäglich antun, kam für mich nicht in Frage. Das fand ich zu entsetzlich. Selbst in den alternativsten und künstlerischsten Lebensformen begegnete mir oft eine Atmosphäre von Kontrolle, Macht und Humorlosigkeit. Heute sehe ich das anders. Erstens habe ich damit einfach nichts mehr zu tun und zweitens bedroht mich so etwas nicht mehr. Inzwischen weiß ich, dass sehr oft ich die eigentliche Bedrohung für viele gewesen war und bin, einfach nur durch mein Sein. Sehr oft habe ich auch dann die Leute verurteilt, dass sie so widerspruchslos vieles mit sich geschehen lassen. Da diese Neigung bei mir nicht mehr so ausgeprägt ist und ich meistens denke, das es jeder selber wissen muss, wie er die Dinge so handhabt, hat sich vieles geändert. Inzwischen verspüre ich öfter ein Gefühl von Willkommen sein. Wenn mich jemand beachtet, gefällt mir dies hin und wieder, wenn mich niemand beachtet, tut es meinem Wohlsein keinen Abbruch. Es bleibt ja immer wieder die Frage, wie man das „Alleinsein" bewertet.

Früher und manchmal noch, war ich unsicher indem, was ich tat, aber in diesen Momenten machte ich einfach weiter, meistens, weil mir nichts Besseres einfiel. Ich stellte fest, das jeder Mensch anscheinend sowieso in seiner eigenen Welt lebt. Bei meinen Versuchen, die Welten des anderen zu verstehen, packte mich oft das blanke Entsetzen, da ich oft nicht glauben konnte, dass man so leben und denken kann. Meinem Gegenüber erging es wahrscheinlich ähnlich. So zog sich jeder wieder in seine Welt zurück in der Überzeugung, das die eigene die bessere sei. Selten traf ich Leute, die in der Lage waren, ihre eigene gläserne Wand zu durchbrechen, um die Dinge direkt anschauen zu können. Die meisten hatten sich für das Bekannte und für die Bequemlichkeit entschieden. Das bringt natürlich hin und wieder Unzufriedenheit hervor. Und manchmal muss ein armer Teufel dafür herhalten. Das bessert kurzzeitig die Stimmung und man fühlt sich im Recht. Für viele von uns geht es darum, Recht zu haben, so mein Eindruck. Selbst wenn man das Gefühl hat, dass die ganze Welt gegen einen ist, beharrt man doch gerne darauf Recht zu behalten. Denn was würde passieren, wenn wir erkennen und zugeben, dass wir im Irrtum sind? Das Bild welches man von sich hat und all das, woran wir glauben, würde vielleicht anfangen zu bröckeln. Es ist sowieso nicht so einfach, in diesem Chaos von Universum sich zurecht zu finden und wir klammern uns oft an irgend etwas, nur um das Gefühl zu haben, da ist etwas, was uns Halt gibt. Auf der anderen Seite sind wir aber auch oft dankbar, wenn wir eine neue Sichtweise erfahren können. Nun, das soll alles einer verstehen.

Verführung und Moral

Die französische Sprache fällt mit nicht leicht. Ich kann keine Logik entdecken. In meiner Erinnerung taucht mein erster Aufenthalt in Frankreich auf. Damals bin ich mit einer französischen Gruppe drei Wochen auf Pferden durch die Pyrenäen geritten. Ich erlebte es als ein unglaublich tiefes Eintauchen in die Natur und überhaupt war es eine grandiose Reise. Wir schliefen meistens alle nebeneinander auf einem großen Lager. Mir fiel auf, dass ein Mädchen, welches mit ihrem Vater an der Reise teilnahm, es immer so einrichtete, dass sie neben mir zu liegen kam. Sie war sehr schön, aber eben noch sehr jung. Ich war damals 25 und sie vermute ich 14 oder 15 Jahre alt. Es war offensichtlich, dass sie bestimmte Erfahrungen erleben wollte, aber das ging nicht. Sie war einfach zu jung. Wir hatten auch so eine gute Zeit. Nach drei Wochen kannte ich die Namen aller Körperteile auf französisch. Das war im Prinzip mein erster Unterricht. In meiner Erinnerung war dies eine sehr schöne Reise. Auch genoss ich das Beisammensein mit diesem jungen Mädchen. Dadurch, dass ich auf kein Ziel hinsteuerte, konnte ich nicht enttäuscht werden. Bei ihr war das anders. So war ich einfach nur neugierig, wie die Sache sich entwickelte. Ich wusste, dass ich eine bestimmte Grenze nicht überschreiten würde, jenseits von Moralvorstellungen. Damit konnte ich sowieso noch nie was anfangen. Moralisten haben auf mich immer einen sehr merkwürdigen Eindruck gemacht. Meistens wirken sie irgendwie etwas vertrocknet auf mich. Sie benehmen sich ständig anständig, sind sehr steif und pochen immer auf ihre Prinzipien. So ging ich dem frühzeitig aus dem Wege und passte auf, dass nicht so viele Menschen mitbekamen, was ich so trieb, um mir das Leben interessant zu gestalten.

Aber zurück zu dem Mädchen, ich glaub sie hieß Natalie. Was war das Besondere? Die Qualität der Begegnung war geprägt von einer Mischung aus Absichtslosigkeit und Neugierde, vielleicht wie bei meiner Reise hier, welche kein festes Endziel hat, einer Reise, auf der ich unterwegs bin, ohne mich um das Ziel zu kümmern. Für viele meiner Bekannten war das sehr merkwürdig, dass ich auf ihre konkreten Fragen keine Antworten wusste. Wohin gehst Du`? Wie lange bleibst Du? Wovon lebst Du? Wenn ich die Antworten gewusst hätte, hätte ich mich wahrscheinlich viel mehr beeilt und mir noch mehr Sorgen gemacht. Warum sollte ich meine Reise in etwas Profanes verwandeln? Irgendwann hat der Großteil meiner Bekannten aufgegeben diese Sache zu verstehen. So sagen sie auch. Sie können einfach nicht mehr nachvollziehen, wo ich denn nun schlafe, was ich mache und wovon ich lebe. Es ist jenseits ihrer Vorstellung, und so blenden sie es aus und befassen sich nicht mehr damit. Immer noch könnte ich auf ihre Fragen keine Antworten geben. Noch immer weiß ich nicht, wo ich nächste Woche sein werde, wo ich schlafe und wovon ich leben werde. Noch immer mach ich mir nicht so viele Sorgen und noch immer beeile ich mich nicht. Warum sollte ich dies tun?

Leben in einem Kokon

Das Haus wird von Tag zu Tag voller. Es kommen alle möglichen Leute an. Das scheint hier so eine Anlaufstation für „Nichtwisser" zu sein. Die unterschiedlichsten Nationalitäten sind vertreten. Fatima, eine Frau aus Algerien, ist mir besonders nah, wie eine Schwester. Sie hat seit ihrer Kindheit Kinderlähmung und auch sonst hat sie kaum eine Krankheit ausgelassen. Ich sehe in ihr eine alte Nomadenseele. Wir müssen nicht groß miteinander sprechen. Wir schwingen einfach ähnlich, auch wenn ich von Krankheiten verschont wurde.

Gestern stießen zu dieser bunten Gruppe von Menschen noch vier Personen aus Rumänien dazu, drei Männer und eine Frau. Ich mag die vier sofort. Sie haben noch ein wenig von dieser Unschuld, wie ich sie öfter bei Leuten aus östlichen Ländern angetroffen habe. Ich spüre bei Ihnen noch nicht diese Verhärtung, aber sie sind vom Glanz der westlichen Gesellschaft angezogen. Das macht mich traurig.

Da das Haus immer voller wird, beschließe ich in mein Auto zu ziehen. Am folgenden Morgen wache ich zeitig auf und fühle mich kraftvoll wie schon lange nicht mehr. Im Haus schlafen noch

alle. Ich beschließe, mit dem Fahrrad zum Gebirgs-
bach zu fahren und schwimmen zu gehen. Das
Wasser ist eisig, aber es tut so gut. Ich spüre von
Tag zu Tag mehr, wie meine Kräfte wieder zu mir
kommen. In den letzten Jahren hatte ich oft das
Gefühl, in einer Art Kokon zu leben. Ich spürte,
das etwas Wesentliches nicht stimmte, aber ich
war nicht in der Lage es zu ändern. Morgens
wachte ich auf und nahm den Tag als etwas Selbst-
verständliches hin. Er war halt einfach da und ich
auch. Mein Leben war nicht wirklich schlecht. Ich
verdiente etwas Geld mit meiner Musik, so dass
ich existieren konnte, aber auch nicht darüber hinaus. Es gab natürlich immer wieder Monate, in denen es etwas eng war. Hatte ich doch den Anspruch, mit dem, was ich gut kann, auch mein
Geld zu verdienen. Das war manchmal verrückt.
Da hatte ich endlich die Qualität in meiner Arbeit
erreicht, von der ich immer geträumt hatte, aber
die Anzahl meiner Konzerte und der CD-Verkauf
dümpelte so vor sich hin. Es war immer dasselbe.
Die Leute wollten, dass ich wie Paco de Lucia
spielte und bezahlten mich, als ob ich die erste Gi-
tarrenstunde hinter mir hätte. Jedenfalls hatte ich
meine Freunde, mit denen ich viel Zeit im Café
verbrachte und konnte meiner Leidenschaft, dem
„Snookerspiel", nachgehen.

Die Abende aber, die ich nicht mit meinen Freunden verbrachte, sowie die Wochenenden, waren manchmal etwas trist. Am meisten fehlte mir das Lachen mit Leuten. In meiner Umgebung waren die Leute oft furchtbar ernst. Sie wollten immer alles richtig machen. Also, welche Kraft hat mich aufbrechen lassen? Vielleicht spürte ich die letzten Monate, dass meine Seele nicht mehr das bekam, was sie brauchte, um sich rund und glücklich zu fühlen. Weder die Musik, noch meine Freundschaften richteten da was aus. Meine Seele zog sich immer mehr von mir zurück und auch äußerlich wurde ich immer schmaler. Ich fing an zu provozieren bis ich mich zum Schluss in einer Kneipenschlägerei wiederfand, etwas, was ich seit meiner Jugend nicht mehr getan hatte. Da spürte ich, es war höchste Eisenbahn für mich.

Nun, das ist vorbei. Selbst wenn meine Reise morgen zu Ende sein sollte, was ich nicht glaube, die letzten zwei Wochen fühlte ich mich gut, wie lange nicht mehr. Es ist ja auch nicht so, dass ich nicht an den kommenden Winter denken würde. Wo werde ich sein und was werde ich tun? Ich weiß ja nicht mal, wo ich morgen sein werde. Heute erzählte mir Fatima, dass in der Schweiz Leute für zwei Wochen zum Trauben pflücken gesucht werden. Vielleicht fällt mir ja noch was anderes ein. Im Moment bin ich nur dankbar, dass ich hier jetzt sitzen und schreiben kann. Draußen tobt ein fürchterliches Gewitter, aber drinnen ist es trocken.

Sich im Kreise drehen

Nun, der aufmerksame Leser hat es sicherlich schon bemerkt, ich bin die meiste Zeit ausschließlich mit mir und meiner Beziehung zur Welt beschäftigt. Zu meiner Schande muß ich gestehen, dass es noch nie groß anders war. Das mag den einen sich angewidert abwenden lassen und den anderen wiederum amüsieren. Erst sehr spät habe ich erkannt, dass die ständige Beschäftigung mit sich selbst erst viele Probleme entstehen lässt und dass dieser Weg nicht wirklich irgendwo hinführt. Es ist auch nicht so, dass ich kein Interesse am anderen habe, aber wenn das Gefühl aufkommt, die Situation oder das Gespräch dreht sich im Kreise oder es findet keine wirkliche Kommunikation statt, schaltet etwas automatisch in mir ab, meine Gedanken schweifen entweder irgendwohin oder ich schaue einfach um mich herum und suche etwas, das lebendig ist. Ich erinnere mich, dass ich einmal an einem Seminar teilgenommen habe, indem es um Teamfähigkeit ging. Man bescheinigte mir die schlechteste Note überhaupt. Bei der nachfolgend beschriebenen Übung gab es keine wirkliche Fragestellung, dennoch wurde von uns eine Lösung der Situation verlangt. Uns Teilnehmern wurden die Augen verbunden und wir mußten uns mit den Händen an einer Schnur fest haltend durch den Wald bewegen. Irgendwann hatte ich das Gefühl, dass wir im Kreise liefen. Die Lösung war verblüffend (ich werde sie hier nicht verraten), aber ich bekam sie hin. Man bedeutete mir, dass ich den Kreis verlassen durfte, die Aufgabe galt als gelöst. Ich setzte mich an den Rand und schaute mit einem Freund den anderen zu, wie sie mit verbundenen Augen Runde um Runde im Kreis liefen, einen Ausgang suchend. Wir krümmten uns vor Lachen auf den Boden. Es war kein hämisches Lachen, nur ein Wissen, dass es das ist, was wir die meiste Zeit im Leben tun. Blind, den anderen im Kreise nachlaufend auf der Suche nach einem Ausweg, wo es keinen gibt. Nun, wo ist mein Ausweg jetzt? Ich beschließe dahin zu gehen, wohin der Wind mich bläst. Der Wind treibt mich nach Süden. So führt mein Weg heute weiter nach Nordspanien. Das Meer und die Pyrenäen rufen mich. Auch freue ich mich, alte Freunde wiederzusehen.

Nordspanien

Die Fahrt nach Spanien war eine heiße Fahrt. Mit heiß meine ich, das es wirklich warm war. Frankreich ist sehr teuer und so freue ich mich, die Grenze nach Spanien irgendwann zu passieren. Auch ist mir natürlich die Sprache vertrauter. Dennoch fühle ich mich ein wenig verloren, aber das macht nichts. Ich weiß, dass dieses Gefühl nichts mit dem Ort zu tun hat, wo ich gerade bin. Es kommt manchmal und dann geht es wieder. Mir wird immer bewusster, worauf ich mich eingelassen habe. Dass es auch hart werden kann, war mir klar.

Ich bin mit einem Freund in einem Restaurant auf einem Campingplatz verabredet. Um mich herum das übliche sonnenverbrannte Touristengetue. Eine Rockband spielt sehr laut. Ich ertappe mich dabei, wie ich mich für einen kurzen Moment nach dem Winter sehne. Auch wenn er kalt ist, so macht er doch die Welt still. In meiner Jugend habe ich ja selbst Rockmusik gemacht und fand es toll. Zwei Freunde und ich gründeten mit 14 Jahren eine Band, welche ein Jahr darauf sehr berühmt wurde. Das war verrückt. Wir gingen noch zur Schule und die Kompositionen von meinem Freund und mir wurden im Radio hoch und runter gespielt. Die

Freunde von damals machen immer noch denselben Job, spielen große Konzerte und verdienen viel Geld. Für mich war das irgendwann vorbei. Ich wollte andere Erfahrungen machen. Jeder lebt in der Welt, wofür er sich entscheidet, wo er manchmal hinein geschubst wird und im besten Fall auch hingehört.

Jetzt bin ich hier, in diesem kleinen katalanischen Dorf an der spanischen Küste. Ich bin erst drei Tage da, treffe aber öfter alte Bekannte und Freunde, welche ich noch aus der Zeit kenne, als ich hier als Surflehrer hin und wieder gearbeitet habe. Da ich überall eingeladen werde, muß ich selten in den Bars und Restaurants was bezahlen. Außerdem spiele ich fast jeden Abend irgendwo. Selbst der Kaffeeautomat spuckt manchmal den Euro, welchen ich zuvor eingeworfen habe, wieder aus.

Endlich wieder surfen

Endlich wieder surfen! Es ist einfach toll, so über das Meer zu düsen. Das Gefühl, über die Wellen zu reiten, ist mit nichts vergleichbar. Während ich mich ausruhe, beobachte ich den Surfunterricht am Strand. Vor ein paar Jahren stand ich auch so da, wie der junge Surflehrer jetzt, erteilte Weisungen, versuchte auch den untalentiertesten Schüler das Surfen beizubringen und ließ mich bei der Arbeit braun brutzeln. In Spanien konnte ich überhaupt einige Wünsche mir erfüllen, ohne dieses merkwürdige Ausbildungsgetue wie in Deutschland. In Deutschland hätte ich so manchen Traum nicht verwirklichen können, nur wenn ich viel Zeit und Geld in irgendwelche Kurse gesteckt hätte. Ich hatte weder das eine, noch das andere. In Spanien kommt es sehr oft darauf an, ob du etwas kannst oder nicht. Niemand fragt nach einer Ausbildung. Und wenn du etwas nicht kannst, lernst du es eben, während du es tust. In Deutschland fragen sie dich zuerst immer, ob du eine Ausbildung hast. Nur das zählt. Das ist mir Dutzende Male so begegnet. Mich beschleicht der Verdacht, dass du in Deutschland das Diplom im Prinzip kaufst und in der Zwischenzeit beschäftigen sie dich irgendwie. Ich war sogar mal Bootsführer gewesen, obwohl ich noch nie vorher so einen Kahn gesteuert hatte. Gott sei Dank, wusste das niemand. Meine ersten Kunden waren zwei hübsche Spanierinnen, die auch keine Ahnung vom segeln hatten. Als draußen auf dem Meer plötzlich der Wind weg war und wir nicht weiter segeln konnten, dachten sie tatsächlich, ich habe das mit Absicht gemacht.

Gewitterwolken am Himmel

Die Tage gehen hier so ins Land. Da denkst du an nichts Schlimmes und schon sieht die Welt eines Tages völlig anders aus. Gewitterwolken ziehen am Himmel auf, am Firmament und auch an meinem persönlichen.

Am Morgen wachte ich mit starken Halsschmerzen auf und ich fühlte mich grauenhaft. Wahrscheinlich habe ich Fieber. Es fällt mir schwer klar zu denken. Dabei sollte ich einen Entschluss fassen, wie es weitergeht. Völlig aussichtslos. Mein Auto springt auch nicht mehr an. Alle Versuche, ein paar Dinge in Bewegung zu bringen, scheitern. Ich kenne das gut und hasse es. Immer wieder muß ich neu lernen mich dem hinzugeben. Zumindest kann ich noch Fahrrad fahren und ein paar Dinge erledigen. Aber es fühlt sich an, als hätte irgend etwas mich im Würgegriff und ich komme nicht raus. Dafür sind meine Träume sehr intensiv. Im Traum bekomme ich klare Anweisungen. Heute nacht träumte ich, ich sollte mir eine bestimmte Sache immer wieder anschauen, bis sie mir zum Hals raus hängt. Irgendwann würde ich dann das Muster und den Trick durchschauen. Nur leider erinnerte ich mich nach dem Aufwachen nicht mehr, um was es da eigentlich ging.

Dafür erinnere ich mich, als ich einmal in Laos mit einem einheimischen Führer durch den Dschungel zog. Irgendwann war er weg und ich war irgendwo im Nirgendwo und das ohne Karte. Das Land war noch nicht so von der westlichen Welt entdeckt und es gab einfach kein gutes Kartenmaterial. Ich wurde krank und lag tagelang im Fieber in irgendeinem Hostal, welches es da glücklicherweise gab. Niemand wußte, wo ich war, einschließlich mir selber. Ich wußte nur, in 500 km Entfernung weiter südlich lag irgendwo die Hauptstadt, wo Freunde von mir wohnten. Ich schaffte es nach ein paar Tagen dahin zu kommen, obwohl keiner in dem Dorf eine andere Sprache als laotisch sprach. Es brauchte dann noch drei Wochen, bis ich wieder gesund wurde. Ich wollte unbedingt aus dem Land raus und nahm dann einen Flieger nach Thailand. Ich ernährte mich in Laos nämlich hauptsächlich von Bier, um ein paar Kohlenhydrate zu bekommen, da ich das Essen da einfach nicht herunter brachte (...das lag nicht nur am Koriander) und ich hoffte, dass in Thailand das Essen besser wäre.

Ich glaube, dass das Leben in Zyklen verläuft und nicht linear. Von Zeit zu Zeit tauchen immer wieder bestimmte Themen auf und dann kannst du schauen, wie du jeweils damit umgehst.

Als ich mich wieder etwas besser fühle, gehe ich mit meinem Freund und ehemaligen Chef aus meiner Surferzeit, bei welchem ich gerade wohne, essen. Meistens reden wir über Frauen. Ein unerschöpfliches Thema. Manchmal reden wir aber auch über andere Dinge. Ich sage ihm, wie ich es gut finde, dass er einfach einen Plan im Leben hat und dem folgt. Funktionieren tut er auch noch. Er ist in seiner Arbeit erfolgreich. Ich gestehe ihm, dass ich überhaupt keinen Plan habe, nur Optionen, welchen ich folgen könnte, falls mir nichts einfällt. Oft ist es auch so, dass ich schon am Mittag den Plan vergessen habe, den ich am Morgen gemacht habe. Auch habe ich die Nase voll von den vergeblichen Versuchen, die Wünsche des Egos zu erfüllen. Ich möchte von der eigenen und von der außen kommenden Gedankenwelt loskommen. Welche merkwürdigen Filme spielen sich eigentlich in meinem Kopf immer wieder ab? Er meint, ich kann so lange bei ihm bleiben, wie ich will oder mir was einfällt. Ich sollte einfach nur geduldig sein. Vielleicht schreibe ich ja ein Buch und das braucht eben auch Zeit.

Auf der Straße des Lebens

Es gibt Menschen, deren Leben ist wie eine lange, gerade Straße. Von Anfang bis Ende führt sie ohne Abzweigung in eine Richtung. Das Leben der anderen Sorte von Mensch führt anscheinend nirgendwo hin. Es ist nicht nur eine einzige Berg- und Talfahrt mit vielen Kurven, nein, sie verfahren sich auch ständig und wissen nie genau welche Abzweigung sie nehmen sollen. Und wenn sie sich mal für eine entschieden haben, merken sie nach einer Weile, „nee- das ist nix", kehren um und probieren eine andere aus. Ich gehöre anscheinend zur letzteren Sorte und im Moment sehe ich nicht mal eine Straße. Also, was ist zu tun? Ich habe noch drei Tage um wieder gesund zu werden. Dann kommt eine Freundin von meines Freundes Mitbewohner mit zwei kleinen Babys. Nun, da muß ich dann nicht mehr da sein, obwohl das durchaus lustig sein kann. Während ich gesunde, verbringe ich meine Zeit mit Schreiben, Dichten und Komponieren. Ich liebe es kreativ zu sein. Doch irgendwie ist es auch unklug. Klüger wäre es doch dafür zu sorgen, wovon ich mein Abendessen bezahlen kann. Es sollte doch eine Lösung geben. Ein altes Sprichwort sagt: „Jeder Mensch wird mit seinem Laib Brot geboren." Ich beschließe zum Fluss zu gehen, in der

Hoffnung auf eine Eingebung. Es ist ein grandioser Fluss in einem Naturreservat. Ich bin fasziniert von der Vielfalt der Tierwelt. Selten habe ich so einen Überfluss gesehen. Wenn der Mensch nicht eingreift, scheint es also zu klappen mit dem ökologischen Gleichgewicht. Doch wo bleibt der Mensch? Er ist ja eigentlich ein Teil der Natur. Ich persönlich glaube, dass durch die Entfremdung zur Natur der Mensch oft roh, einsam und aggressiv wird. Hinzu kommt, das unser Leben in vielerlei Hinsicht von Mangel gekennzeichnet ist. Worüber wir uns sehr oft unterhalten, ist der Mangel, also etwas das abwesend ist. Sei es materiell, bestimmte Daseinszustände und Emotionen, Unzufriedenheit in der Beziehung oder sonst was. Wir sind oft auf Mangel programmiert. Gleichzeitig sind wir dann auch nicht in der Lage noch mehr Dinge aufzunehmen. Ein Widerspruch in sich. Es lohnt sich darüber zu meditieren, am besten an einem Fluss in einem Naturreservat. Plötzlich erkennst du, dass das Leben ursprünglich vielleicht anders gemeint war.

Dieses kleine Naturreservat hier würde ohne Probleme eine bestimmte Anzahl von Menschen über Generationen ernähren. Aber eben nur eine bestimmte Anzahl. Wenn diese Menschen, die hier leben würden, hemmungslos sich einfach so weiter vermehren, wie wir das tun, dann würden diese

Menschen und das Naturreservat Probleme bekommen. Dann müßte der Mensch einwirken, um es produktiv zu gestalten, um das Optimale heraus zu holen. Dann muß er den Dingen ihre Schönheit und Würde nehmen und sich selbst damit auch, damit die Menschen überleben. In diesem Moment tritt er aus dem Kreislauf. Und das kann er auch mit Geld nicht wieder gut machen. Die Naturvölker haben aus meiner Sicht diese simple Wahrheit erkannt. Der zivilisierte Mensch mit all seinen Wissenschaften und Doktorgraden hat offensichtlich Schwierigkeiten, dies zu erfassen und Verantwortung zu übernehmen. Vielleicht liegt es am wissenschaftlichen Blick. Er verhindert, in das Wesen der Dinge zu schauen. Denn mit dem anderen Blick, dem Blick des Herzens, wäre er nämlich nicht mehr in der Lage zu tun, was er jetzt tut, was er tun muß, damit die Entwicklung so wie sie derzeit verläuft weiter gehen kann.

Nun, so ist es eben. Lohnt es sich darüber aufzuregen? Also Popcorn muß sein, Cola auch und ohne Beate Uhse geht sowieso nix mehr. Sag bloß, bei Dir geht da noch ohne was? Wie machst,n das? Erzähl mal.....

Tausend Möglichkeiten

Es sieht so aus, als gäbe es tausend Möglichkeiten sein Leben zu gestalten, und anscheinend noch mehr Auswahl, wo denn nun das Ganze auch stattfinden kann. Es sieht so aus, als hätten wir eine Unzahl von Wahlmöglichkeiten. Haben wir eine Wahl? Vielleicht haben wir gar keine. Letztendlich wird der Mensch sich immer dafür entscheiden, was ihn am meisten anzieht, was seine individuelle Struktur anscheinend braucht, welche Erfahrungen er machen möchte und welche Filme in seinem Kopf abgegangen sind. Und wenn wir uns mal entschieden haben, zweifeln wir auch sehr schnell wieder. Schizophrenie scheint der Normalzustand des heutigen Menschen zu sein. Wie kann eine gespaltene Persönlichkeit glücklich sein? Was ich jetzt zum Teil erlebe, sind genau die Bilder, welche seit Jahren in meinem Kopf spuken. Das Leben schenkt mir genau die Situationen, welche ich mir vorher ausgemalt habe. Nur weiß ich jetzt genau, wie sich die Bilder auch anfühlen, d.h. sie werden mit Leben gefüllt.

Ursprünglich bin ich losgegangen um etwas zu entdecken, um etwas herauszufinden. Nur wußte ich nicht genau, was. Vielleicht spürte ich einfach nur die Trennung von etwas und dachte, wenn ich spring, kann ich sie vielleicht überwinden. Ich fühlte mich oft wie eine Insel und vermutete, dass es vielen in meinem Bekanntenkreis ähnlich ging, Aber irgendwie waren die nicht gewillt, das zu verändern.

Inzwischen lebe ich die täglichen Auseinandersetzungen mit dem Überleben, den eigenen Emotionen, Wünschen und Ängsten, der Hässlichkeit mancher Touristenorte und der Schönheit unberührter Natur, der Wildheit des Meeres, sowie der Eleganz mancher Frauen, welche im Straßencafé an mir vorüberziehen. Mann oh Mann, dann sprach mich heute auch noch eine an, ob ich der Gitarrist wäre und so. Danach kamen sämtliche spanische Männer aus dem Café zu mir, woher ich solche Frauen kennen würde. Kenne ich ja gar nicht, war außerdem ein Mädchen, hatte noch eine Zahnspange oder vielleicht war es ja auch eine Art Gebiss?

Neuigkeiten

Während ich mich heute dichterischen und musikalischen Höhenflügen hingebe und meinen Gedanken nachhänge, wird mein Auto aufgebrochen, die Zündanlage zerstört und unter anderem mein Radio, Akkordeon und mein Schlafsack gestohlen. Am Abend zuvor wurde mir noch versichert, dass der Platz, wo ich mein Auto abgestellt hatte, absolut sicher sei. Nun, wie war das mit dem Vertrauen?

Jedenfalls bekomme ich noch die Nachricht, dass ich heute hier ausziehen muss, da das Haus voll wird und der Platz benötigt wird. Da wird das Leben doch so richtig intensiv. Hier kann ich nicht bleiben und mit dem Auto komme ich erst einmal nicht weg, da es ja jetzt kaputt ist. Außerdem habe ich keine Zudecke mehr. Das Blöde ist, dass ich ohne Auto auch nicht mehr in den Cafés an der Küste spielen kann.

Übrigens hatte ich ja nach einigem Zögern beschlossen ein Tagebuch zu führen und Teile davon im Internet als Blog zu veröffentlichen. So bekomme ich des öfteren Feedback in Form von guten Ratschlägen und Kommentaren. Zu diesem Blog kam dann auch die Frage, wie ich denn noch in Spanien bleiben könnte, wenn es dort so schlimm wäre. Zumindest haben sie meine kleine Studioanlage nicht mitnehmen können, die hatte ich doppelt abgesichert, da kamen sie nicht ran. Und gesund bin ich auch wieder. Im Moment scheint die Sonne und das Meer leuchtet in allen möglichen Blauschattierungen. Da kann ich doch nicht weg gehen, es wäre eine Sünde. So, jetzt wird es Zeit für einen Strandspaziergang und einen Kaffee. Ich weiß zwar aus der Erfahrung, dass ich hinterher auch nicht mehr weiß, aber diesen Zustand von Nichtwissen bin ich ja im Moment gewohnt.

Die Kunst des Lebens

Die Autowerkstätten hier in der Gegend können oder wollen mir nicht weiterhelfen. So bietet mein Freund mir an, das Auto zu reparieren, sobald er Zeit hat. Da ich ihn ein wenig kenne, weiß ich, dass da einige Wochen ins Land gehen können. Nun ja, es ist gerade Hochsaison und er hat mit seiner Firma auch viel zu tun. Ich bin froh, dass er es mir überhaupt anbietet. Da ich das Gefühl habe, im Moment nichts groß tun zu können, starte ich heute den Pilgerweg nach Santiago de Compostela. Mal wieder. Aber diesmal gehe ich den „Camino Catalan", der hier in der Gegend startet. Vom Mittelmeer zum Atlantik, quer durch Spanien. Vielleicht nur für ein paar Tage, vielleicht auch ein paar Wochen. Aus meiner Erfahrung helfen diese Wege manchmal um Klarheit und größere Einsichten zu finden. Und so ziehe ich los. Dummerweise bei 30 Grad und mit zu viel Gepäck. Wie blöd kann der Mensch sein, dabei bin ich ja schon zigmal irgendwo auf Wanderschaft gewesen. Als ich gerade mal von Figueras aus einhundert Meter gegangen war, sprach mich ein Spanier an, ob ich Arbeit suche. Ich war neugierig. Er fragte mich, ob ich Lust hätte in einem Sex-Film mit zu spielen und er würde es bezahlen. Wow..............!!!! Mein erstes Jobangebot und dann so was. Nach nur einhundert Meter Pilgerweg wird mir meine Bestimmung offenbart. Er fragte mich, ob ich drei Frauen gleichzeitig schaffen würde. Das erschien mir bei weitem machbarer, als in dieser Gluthitze mich mit 20 Kilo Gepäck ab zu plagen. Irgendwie kommt mir die Sache aber spanisch vor und ich beschließe, doch noch weiter auf Pilgerschaft zu gehen.

Nach ein paar Tagen des Unterwegsseins spüre ich, dass das so irgendwie nicht weiter geht. Sei es, dass das Gepäck und die Hitze mir zu schaffen machen oder der Eindruck bei mir entsteht, ich sollte mal was Anderes probieren, als wochenlang immer irgendwo hin zu laufen, wenn ich gerade nichts zu tun habe. Und so beschließe ich, wieder in das katalanische Dorf zurückzukehren und mal was Anderes zu probieren. Da angekommen, hat sich nichts groß verändert. Was hatte ich erwartet? Ich bin mir sicher, irgendwo einen Platz zum Übernachten zu finden, wobei das mit dem Wohnmobil oder dem Zelt gar nicht so einfach ist hier. In der Saison sind die Campingplatzpreise völlig überzogen und wenn du wild kampierst, zahlst Du Strafen bis zu 300 Euro. Und heutzutage wird das kontrolliert. Inzwischen hat das EU- Getue ja auch Spanien erreicht und hartnäckig versucht es einem den Spaß an den Dingen zu nehmen. Konnte ich noch vor ein paar Jahren mit dem Auto ohne TÜV und ohne Nummernschild, manchmal auch ohne

Türen, problemlos hier durch die Pampa düsen, sind diese Zeiten auch hier vorbei. In Frankreich war das meistens ebenfalls kein Problem. An der Grenze zu Deutschland hörte dann der Spaß auf. Ich erinnere mich, dass ein Freund und ich einmal die Grenze erst von Spanien nach Frankreich und dann von Frankreich nach Deutschland passieren wollten. Irgendwie hatten wir aber keine Nummernschilder an unserem Auto. An der spanisch-französischen Grenze fragten sie uns, wo die denn nun wären. Wir sagten denen, dass wir das nicht wüssten. Es schien für die französischen Beamten aber kein Problem zu sein. Wir durften passieren und man gab uns den Rat im nächsten Dorf neue Schilder malen zu lassen, was wir auch taten. Ein Typ malte uns wirklich ganz besonders schön aussehende wie wir fanden, aber wir kamen damit nur bis zur deutschen Grenze. Die Beamten da fanden das gar nicht witzig, im Gegensatz zu uns. Wir hatten Glück, dass wir nicht verhaftet wurden.

Jedenfalls laufe ich erst mal wieder das Haus meines Freundes an, welches inzwischen knallvoll mit Ossis ist. Sind mir eh die liebsten und so finde ich vorübergehend einen Platz in der Wäschekammer, was mir ganz angenehm ist, das sonst im Haus permanent der Fernseher läuft, Videospiele gespielt werden und das Baby schreit. Sagte ich eben, Ossis sind mir die liebsten?

Eine Reise wie diese kann ich jedem empfehlen,

der des Lebens, seines Partners oder seines Jobs überdrüssig ist. Es lehrt einem so manche Dinge, sei es Dankbarkeit, Demut oder Toleranz. Es zeigt dir auch, wer deine Freunde sind, auch, ob es da überhaupt welche gibt. Ich merke, dass ich anfange, nicht mehr so kritisch zu sein. Zwar läuft mir manchmal immer noch eine Gänsehaut über den Rücken, wenn ich manchen Strandurlauber mir ansehe und wie er sich so benimmt, aber ich denke dann nicht mehr sofort, der ist nur doof,- ich sehe dann eher andere Dinge. Auch wenn er im Gegensatz zu mir seinen Kaffee im Café locker bezahlen kann, möchte ich nicht mit ihm tauschen. Manche lassen schon sehr raus hängen, dieses „Ich bezahle und du hast mir zu bringen", dieses „Das steht mir zu". Wer kennt es nicht? Vielleicht täte es so manch einem gut, mal in meinen Schuhen zu laufen? Weg von der Bequemlichkeit, der Sicherheit und der oftmals daraus resultierenden Langeweile und Unzufriedenheit. Je länger ich unterwegs bin, umso mehr verändert sich mein Blick auf den Menschen. Ich sehe bei jedem seine Sehnsucht, seine Bedürfnisse, seine Angst, seine Gier und seine Verzweiflung. Ich sehe all dies und weiß, das bin auch ich. Ich sehe, warum der Mensch bestimmte Dinge tut, er die Welt zerstört und dass er in seinem heutigen Zustand gar nicht anders kann, es oftmals auch einfach nicht fühlt. Don Juan von Canasta drückt es so aus: „Die Kunst des Lebens besteht darin, das Entsetzen und die Schönheit ein Mensch zu sein ins Gleichgewicht zu bringen." Ich stelle mir die Frage, wie können wir lernen, dass wir spüren, was wir tun. Und wäre das letzten Endes wirklich gut? Täten wir dann überhaupt noch was?

Ganz tief in mir glaube ich, dass das Leben letztendlich perfekt ist. Es ist eine ausgeklügelte Waagschale. Wir haben die Freiheit zu entscheiden, wo wir unser Gewicht darauf legen. Dann beginnt das Spiel.

Ich weiß nicht, was noch kommen wird, was noch passieren muß, bis mein sogenannter persönlicher Tod mich ereilt. Damit meine ich, bis alle meine Filme im Kopf gelöscht, meine Urteile über die Welt aufgelöst und meine Wahrnehmungsgrenzen sich mit dem, was mich umgibt verwischen.

Ich sitze im Café, wie momentan jeden Tag, und schreibe. Autos fahren vorbei. Ach, wie wäre das Leben ohne Autos? Wie still und langsam, friedlicher. Vielleicht ist es wie mit den Frauen? Übrigens sehe ich inzwischen immer mehr den Menschen in der Frau. Das macht mich freier. Früher haben sich die Frauen immer beschwert, ich würde nur die Frau in ihnen sehen und nicht den Menschen. Heutzutage ist es umgekehrt. Ich habe so den Verdacht, das passt ihnen auch nicht, erspart mir aber eine Menge Verwicklungen. Habe ich früher, um Sexualität und emotionale Zuwendung zu erleben, viel auf mich genommen, lässt mich das heutzutage doch um Einiges kälter. Mal sehen wie lange dieser Zustand anhält. Sind wir denn in der Lage, dieses Spiel frei und fair und dennoch mit Tiefe zu spielen? Nun, es gibt ja solche und solche Beziehungen. Wobei es aus meiner Sicht eher solche als solche gibt.

Dinge in Bewegung

Nun, es sieht so aus, als ob Dinge in Bewegung kommen und ich mich gleichzeitig eine Zeitlang verankere. Ein schöner Widerspruch. Habe ich doch, so wie es aussieht, einen Job gefunden als Rezeptionist auf einem Campingplatz direkt am Meer. Das ist, wie ich finde, eine gute Möglichkeit die Zeit, bis mein Auto wieder flott ist, zu verbringen. Heute war Probe arbeiten. Es war nicht so einfach, da vier bis fünf Sprachen verlangt werden. Die Computerprogramme sind in catalan und viele Gäste französischer Abstammung, ansonsten geht alles nur auf Spanisch. Ein paar Deutsche sind auch da. Mal schauen, wie es morgen weitergeht. Umziehen werde ich ebenfalls und zwar in ein nettes Mobil-Home. Das ist so eine Art Appartement. Meines steht ziemlich nah am Strand am Rande eines Naturschutzgebiets. Auch brauche ich dafür erst einmal keine Miete zahlen. Geht doch alles und gerade ist die Stimmung sehr schön. Tagsüber ist es warm mit 25 Grad, die Sonne scheint, es gibt wenig Touristen und der Wein hier ist wirklich gut. Na ja und surfen geht quasi jeden Tag.

Struktur im Leben

So ein Tagebuch ist doch allerhand. Es ist Freund und Beziehung gleichermaßen. Und da es in der Regel eine lineare Form hat, gibt es einem auch eine Art Struktur im Leben. Nun, was ist denn so passiert? Also, ich bin umgezogen und arbeite (immerhin halbtags) als Rezeptionist. Es scheint sich so durch mein Leben zu ziehen, dass ich sehr oft mein Geld mit Sachen verdiene, die ich nicht kann. Was ja auch heißen mag, dass ich im Laufe der Zeit dann eine Menge kann. Aber wenn ich dann was kann, interessiert es wiederum niemanden, dass ich es kann. So kurios ist manchmal das Leben. Über diese Dinge denke ich manchmal nach, wenn ich Zeit habe und mir meine Situation aus verschiedenen Blickwinkeln betrachte. Nun lebe ich in diesem kleinen Minihaus, stehe morgens auf, gehe die 200 m zum Meer um zu schwimmen. Die 200 m bestehen dann auch nur aus Sandstrand. Anschließend gehe ich in ein Café, welches 100 m von meinem Minihaus entfernt ist und fast immer bin ich der einzige Gast (das perfekte Café sozusagen) und während ich meinen ersten Kaffee trinke, versuche ich ein Gefühl für den Tag zu bekommen. Im Anschluss verspüre ich so gut wie immer das Bedürfnis Gitarre zu spielen. Dann wieder Schwimmen und nochmal ins Café.

So wird es Mittag und ich fange mit Arbeiten an. Dann was essen, Fahrrad fahren, am Strand spazieren oder so und dann muß ich mich auch schon entscheiden, wie ich den Abend verbringen will. Hin und wieder gehe ich mit Freunden essen. Oft wollen die dann aber noch in irgendeine Bar oder Disco, aber irgendwie interessiert das mich nicht mehr so besonders. Wenn jemand der Meinung sein sollte, das manch Erlebtes nach Idylle klingt, so stimmt dies nicht ganz. Mein Nachbar ist zum Beispiel Musikliebhaber, aber anders als ich und so höre ich dann des Nachts öfters mal Bum, Bum, Bum. In diesen Momenten möchte ich dann weiterziehen, aber jetzt habe ich mich nun mal für vier Wochen oder so verpflichtet. Und das ist mal ganz gut so.

Stunde um Stunde

Letztens hatte ich eine Begegnung mit der Guardia Civil (so nennt sich hier die hiesige Polizei) und das auch noch sturzbetrunken. Also, nicht ich, die Polizei natürlich. Die Kellnerin erzählte mir später, dass jeder Polizist acht Gläser Wein konsumiert hätte. Ja, da hätte ich mit denen um die Wette blasen können, das wäre zu meinen Gunsten ausgegangen. Begegnungen dieser Art machen mir das Land nicht unsympathisch. Bin ja heilfroh, dass ich nicht zum Beispiel in Italien gelandet bin. Mir reicht meine Zeit im letzten Jahr auf Sizilien. Wochenlang spielte ich da irgendwo in einem Hotel und dachte irgend jemand erlaubt sich einen Spaß mit mir und hat mich in die Zeit von Mussolini zurück versetzt. Natürlich hat Sizilien auch seine schönen Seiten, das will ich gar nicht abstreiten. Dennoch war ich froh, als ich dann einen Flieger nach Andalusien nehmen konnte.

Und sonst? Habe diese Woche Lohn bekommen, sogar mehr als ausgemacht. Die Arbeit ist sehr ruhig. Es passiert so gut wie gar nichts. Ich sitze da einfach. Ein Aquarium wäre nicht schlecht. Dann könnte ich stundenlang die Fische beobachten. Wenn ich das alles früher gewusst hätte! Da habe ich jahrelang Stunde um Stunde täglich Gitarre geübt, bin finanzielle Risiken eingegangen, habe versucht, was in die Wege zu leiten und dann öffnet sich mir ein Universum und man bekommt das Geld einfach so, nur, indem man irgendwo sitzt und ab und zu "Hola" sagt und wenn ich alles so in Relation setze, steht das im ähnlichen finanziellen Verhältnis. Mein Gott, war ich blöd. Ich hatte ja schon die verschiedensten Nebenjobs, aber der hier steht auf meiner Beliebtheitsskala ganz oben. Wenn ich für alle meine Jobs eine Ausbildung gemacht hätte, wäre ich jetzt so an die 100 Jahre alt. Aber, ist da irgendwo eine Logik zu erkennen, ein roter Faden? Die Tätigkeiten kamen und gingen wieder, wie so vieles im Leben.

P.S. Heute abend bin ich lange am Strand spazieren gewesen. Er war menschenleer. Das Licht war grandios und dann bin ich schwimmen gegangen. Und da dachte ich, deswegen bin ich losgegangen, diese Weite, Kraft und Schönheit zu erleben. Diese Sachen sind mir so wichtig. Das kann noch eine Weile ruhig so gehen.

Deutsche Frauen

Alle Wetterberichte waren sich einig, dass es heute regnet. Als ich aufwachte, schien dann die Sonne, was sich den ganzen Tag über nicht ändern sollte. Ich frage mich, wie wollen die wissen, wie in 50 Jahren das Klima auf der Erde sein wird, wenn die nicht mal das Wetter für die nächsten drei Tage vorher sagen können? Aber dies nur am Rande.

So langsam gehen die Leute, mit denen ich so ein wenig wirklichen Kontakt hatte, wieder weg von hier. Unter anderem Sico, ein Indianer aus Peru, welcher hier auf dem Camping arbeitete, ist wieder in seiner Heimat. Wenn wir nicht über seine Heimat oder Schamanismus gesprochen haben, redeten wir über deutsche Frauen. Er war darin sozusagen Experte, da er einige Jahre mit einer verheiratet gewesen ist. Ich fand das ziemlich lustig, wie er sie sieht und das anscheinend ausnahmslos. "Deutsche Frauen haben immer Recht", meint er. Sie sagen zwar, dass sie eine andere Meinung tolerieren, aber letztendlich sei ihr Standpunkt der Richtige. Und das sie Abenteuer erleben wollen, aber ohne ein Risiko einzugehen. Aber das Merkwürdigste fand er, ihr Verlangen nach Kontinuität und Sicherheit. Sie wollen immer wieder das Gleiche erleben. Ich habe mich wirklich köstlich amüsiert.

Davon mal abgesehen, läuft es hier so, dass man den Kontakt in der Begegnung miteinander versucht zu vermeiden. Es wird grundsätzlich über das geredet, was einem gerade nicht beschäftigt. Oder bilde ich mir das nur ein? Ich nenne dies immer die normale Welt. Die findet man überall. Das wichtigste ist die Kontaktvermeidung, damit niemand den Eindruck gewinnt, man will was vom anderen oder sei in irgendeiner Art bedürftig. Ich habe mal ein Konzert in einem Golfclub gegeben. Da kam es darauf an, dass man grundsätzlich aneinander vorbei schaute, um zu demonstrieren, dass man alles hat und nichts braucht. So idiotisch kann es zugehen in der Welt, bis dann irgendeiner das alles nicht mehr aushält und durchdreht. Und dann folgt wie immer der obligatorische Aufschrei: „Wie konnte das passieren? Wir müssen eine Expertengruppe gründen, die das alles mal untersucht." Und dann immer die Frage: „Wo haben wir da in der Gesellschaft versagt?"

Mir reicht dies alles gerade ein wenig und so spüre ich, wie ich langsam Ausschau halte, wo es weitergeht. Auf alle Fälle spüre ich kein Verlangen, in der normalen Welt weiterhin mich herum zu treiben. Aber wo finde ich das Andere? Ich kenne ein paar Leute, die dies Andere schon sehr lange suchen und nicht finden.

Nanu, gerade wird mir ein Pfannkuchen von einer

netten, jungen deutschen Frau vorbei gebracht und da frage ich mich, warum ich so düstere Gedanken manchmal habe und dann denke ich, das ist doch alles Quatsch, was ich so schreibe.

Das Wirken der Unendlichkeit

Die Arbeit pegelt sich so ein. Sie folgt einem ruhigen, gleichförmigen Rhythmus. Ich habe das Gefühl, es reicht einfach, dass ich da bin. Manchmal wird die Ruhe von einfachen Übersetzungsarbeiten unterbrochen. Bin ja heilfroh, dass ich bei einem spanischen Arbeitgeber gelandet bin. Auch die Leute, welche in der Bar arbeiten, machen einen relativ gelassenen Eindruck. Ich habe so das Gefühl, jeder macht ein bisschen vor sich hin und wenn wenig los ist, sitzen die in der Ecke und schauen sich die Simpsons im Fernsehen an. Auf dem benachbarten deutschen Campingplatz geht es da anders zu. Das Personal muss viel leisten und auch wenn keine Gäste da sind, müssen sie immer so einen geschäftigen Eindruck vortäuschen. Schrecklich! Und dann auch noch draußen rauchen. Da kann man ja gleich in Deutschland bleiben, sind die Gehälter vielleicht noch etwas höher. Da ist diese Neigung, mit wenig Kosten viel raus zu holen, zu sparen an allen Ecken und ständige Kontrolle. Wenn ich mir diesen Chef von dem Campingplatz da anschaue, weiß ich gleich, was los ist. Zumindest weiß ich, dass er eine Menge Geld hat und das gerne für sich behält. Ich hatte dort mal ein Konzert gespielt und dann wollte er dafür nichts bezahlen, nicht mal ein

Abendessen. Das hat er dann auch durchgezogen und sich gekonnt heraus ausgeredet, obwohl anderes verabredet war. Ich konnte nichts machen. Später habe ich mich dann gerächt und bin zwei Monate auf seinem Campingplatz duschen gegangen und zwar ausgiebig.

Sico, mein peruanischer Freund, sagte zu mir, das dies normal sei. Wir leben in einer Zeit, wo die Wirtschaft alles bestimmt. Es ist keine humane Zeit. Alles was getan wird, muß sich wirtschaftlich rechnen, auch in der Kultur, im Krankenwesen und in der Bildung. Jedes Detail im Leben unterliegt einer wirtschaftlichen Kontrolle, nichts wird sich selbst überlassen. Alles hat sich diesem Prinzip unterzuordnen, wenn nun mal eine Gesellschaft entschieden hat, dass Wirtschaftswachstum das Wichtigste im Leben ist. Ich höre ihm einfach zu und denke gar nichts.

Sico erzählt weiter von den Schamanen in Peru, welche mit den Bergen sprechen und die ihnen antworten. (Wenn jetzt jemand an ein Echo denkt, dann denkt er das aus einem bestimmten Grund, den verrate ich aber nicht). Er spricht von den Pflanzen im Dschungel und dem Leben da. Das gefällt mir. Vor ein paar Nächten war ich nachts am Meer, ich fand eine Stelle, wo der Mensch weder mit Lichtern oder Lärm präsent war. Das war wirklich toll. Es ist so, als ob du das Meer viel stärker fühlst, es dir sozusagen sein wirkliches Wesen offenbart. Du fühlst das Wirken der Unendlichkeit und dies macht dich still und friedlich. Du willst nichts anderes mehr.

Anderes Thema: Meine Autoreparatur, eine vergangene nicht bezahlte Stromrechnung und die Weigerung von einer Telefongesellschaft, welche 1 und 1 nicht zusammenzählen kann (deswegen heißen die vermutlich so) mich aus dem Vertrag zu lassen, eröffnen mir, dass derzeit meine Ausgaben über den Einnahmen liegen. Nun, ich finde ja, dass Telefon- und Stromgesellschaften eine wirkliche Plage sind. Wenn die wenigstens ihr vieles Geld an die Künstler ausschütten würden, bekäme ich einen ganz anderen Eindruck von denen. Mein Job hier geht vielleicht noch einen Monat, dann ist die Saison definitiv zu Ende. Da ich keine Reserven habe, wird also mein weiterer Weg von dem Prädikat bestimmt werden, eine neue Arbeit zu finden oder wo es vielleicht den Ansatz einer Möglichkeit gibt. Nun, life is going on.
Mein Vater sagt immer: „Besser wird es nicht, nur anders." Mal schauen, ob er Recht hat.

Wenn ich die Wahl habe

Manchmal im Supermarkt beobachte ich, was die Leute so einkaufen. Spanier kaufen sehr oft viel süßes Zeug und merkwürdige Wurst ein. Die Deutschen hingegen völlig andere Sachen. Auf alle Fälle immer sehr viel Wasser und Obst, gefolgt von Bier und Hundefutter. Ich glaube Obst ist sehr wichtig für viele meiner Landsleute. Mir ist aufgefallen, bei Gesprächen mit Leuten über 50 fällt sehr oft irgendwann das Wort Obst, unabhängig vom vorangegangen Gesprächsthema. Ich warte schon immer darauf. Oft muß ich mich dann der sicherlich gut gemeinten Ratschläge erwehren. Ich weiß, dass einige ernährungsbewusste Leute darauf warten, dass ich mal tot umfalle, nur damit ihre Theorie bestätigt wird. Aber wenn ich mir einen Tipp erlauben darf: Gehe niemals auf Reisen mit ernährungsbewussten Personen. Irgendwann kommst du an den Punkt, wo du dich fragst, ob es nicht besser wäre sich zu erschiessen. Das fängt schon an im Supermarkt. Wenn es da kein biologisches Obst gibt, ist der Tag schon mal gelaufen. Besser kommt es dann noch abends, während der anscheinend ewig dauernden Restaurantsuche. Nachdem das fünfte Restaurant auch nicht gut ist, nimmt man dann notgedrungen das sechste, welches auch kein besseres Angebot hat, aber der Hunger ist dann schon zu groß und man ist eh schon völlig entnervt und so fügt man sich dann endlich den Umständen.

Bei mir hat sich hier so ein Essensrhythmus eingepegelt. Tagsüber ernähre ich mich von süßen, klebrigen Donuts und Kaffee. Abends wird dann richtig gegessen und mindestens drei bis viermal die Woche so richtig, richtig. Das Spektakel fängt so gegen 22 Uhr an. Dann wird aufgetafelt: Schnecken, Muscheln, Tintenfische, Salate, Kalbsfilet und was es sonst noch gibt. Jeder isst von jedem Teller, es wird immer viel gelacht, dazu gibt es Unmengen von Wein, zwischendurch immer wieder Zigaretten und Kaffee. Das ganze dauert so drei bis vier Stunden. Danach ist man völlig geplättet und schläft meistens bei dem, der am nächsten wohnt. Ich habe mich nach so einem Gelage (so nennt man das wohl) noch niemals schlecht gefühlt. Auch am nächsten Morgen bin ich dann wieder völlig fit. Es gibt keinerlei Nachwirkungen. Mir persönlich gefällt das so. Für mich ist das Lebensqualität. Andere mögen das anders sehen. Ist für mich völlig in Ordnung so lange ich nicht mit denen essen gehen muß. Aber ich stehe denen zu, das sie mit einem Apfel auch eine gute Zeit haben können. Das meine ich ernst. Habe ich auch schon erlebt. Nur, wenn ich die Wahl habe....

Körperliche Liebe

Eine Freundin von mir eröffnete mir vor ein paar Monaten: "Wir sind alle oversexed and underfucked". Könnte für manch einen stimmen. Auch möge es einige glückliche Ausnahmen geben, wenn ich mich aber so umschaue und mit Leuten spreche, läuft nicht allzu viel bei den meisten. Die vermehrte Abwesenheit körperlicher Liebe scheint nicht nur in meiner Generation für viele ein Thema zu sein. Und je gebildeter der Mensch ist, anscheinend um so mehr. Ich könnte jetzt den Frauen die Schuld geben oder auch den Männern. Mache ich aber nicht. Aber ein wenig gebe ich die Schuld den früheren Romantikern und dem nachfolgenden Bild von der erfüllenden Liebe, dass sich inzwischen durch alle Gesellschaftsschichten der abendländischen Kultur zieht. Es verhält sich ähnlich, wie mit dem Glück. Wir glauben einen Anspruch auf Glück zu haben und wir wissen in der Regel auch genau, wie der auszusehen hat. So verbringen viele ihre Zeit mit Warten und Hoffen. Manche hoffen auch nicht mehr. Ach das, sagen sie dann.

In anderen Kulturkreisen, wie in Asien, habe ich da eine andere Einstellung beobachtet, eher sehr pragmatisch, vielleicht so ähnlich wie bei den Pinguinen. Das macht es klar für alle Beteiligten. Ist es oberflächlich?

Es muß halt passen, höre ich immer wieder als Argument. Dagegen ist wirklich schwer anzukommen. Ich habe früher öfter in Seminarhäusern gewohnt. Wenn neue Gäste kamen, schauten mich die Frauen manchmal verheißungsvoll an. Sehr schnell bekamen die aber mit, das ich nicht zu ihrem Seminar gehörte, eine Freundin hatte oder sie auch sehr schnell jemanden gefunden hatten. Manche nennen das dann Liebe. Womit wir beim Thema "Satt oder hungrig" wären. Was hat, ein Bedürfnis zu haben und zu stillen, mit Liebe zu tun? Es gibt Leute, die behaupten, das muß zusammen gehen. Sonst geht es nicht. Von Frauen höre ich öfter das Argument. Ich kannte eine Frau, die mir erzählte, dass sie es nur kann, wenn sie verliebt ist. Aber dann erzählte sie mir, dass sie sich immer sofort verliebt.

Wieso ist Sexualität eigentlich intimer für viele als Essen und Trinken? Das ist ja nun wirklich intim, was man da so in sich ran und rein lässt. Aber das Huhn ist nun mal tot, wenn man es isst, es kann nicht mehr erklären, was es empfindet, wenn es genüsslich verspeist wird. Wenn man aber den Partner/in ausgiebig verspeist, reagiert der/die meistens irgendwie und dann muß man sich mit dem, was man da so treibt oder zeigt auseinandersetzen. Es gibt Leute, die sind der Meinung, dass man für Sexualität nicht bezahlen sollte. Ich glaube, irgendwie bezahlt man immer! Hat ja doch irgendwie mit Geben und Nehmen zu tun auf eine Art und Weise.

Ich glaube, für unser Nichteinlassen bezahlen wir mit dem Gefühl, dass etwas fehlt in unserem Leben bzw. mit der Abwesenheit körperlicher Liebe. Für das Reduzieren der Sexualität auf rein körperlicher Ebene irgendwann mit Überdruss. Für das Hoffen auf erfüllende Liebe mit Enttäuschung. Wie sagte Don Juan, von Castañeda? „Das Geheimnis liegt darin, dass man die Dinge nur berührt. Man geht den Dingen nicht aus dem Wege, aber man benutzt sie auch nicht schamlos."

Sei es wie es sei. Meine Erfahrung mit dem Thema ist: Es gibt solche und solche Zeiten. Für den Einen ist das Thema sehr wichtig und dem Anderen bedeutet es anscheinend gar nichts.

Vorbei sind die Gelage

Was ist so passiert? Inzwischen sind alle, mit denen ich irgendwie eine Ebene gefunden habe, abgereist. Das heißt mal wieder, sich mit der Einsamkeit anfreunden, die ja nicht nur auf Reisen hin und wieder ein Begleiter des menschlichen Daseins ist. Also, vorbei sind die Gelage. Dafür ist das Wetter schön. Nach wie vor genieße ich morgens das Schwimmen im Meer. Kein Mensch außer mir weit und breit zu sehen.

Heute morgen fuhr ich mit dem Fahrrad ins Dorf um einzukaufen. Irgendwie fand ich das schön. Die Sonne schien und ich genoss die Anonymität. Anschließend fuhr ich zur Arbeit in die Rezeption, um in meine tägliche tiefe Meditation zu versinken. Also, da passiert überhaupt nix mehr. Höchstens, dass ich einmal am Tag ein paar Briefmarken verkaufe. Soweit ist also alles in Ordnung. Meine Wohnsituation gefällt mir nicht ganz so. Dazu möchte ich Folgendes anmerken. Mein kleines Mobilhome steht ja nicht alleine für sich so in der Landschaft herum, sondern auf einem Campingplatz. Es ist allerdings nicht der, wo ich arbeite. Meistens bin ich froh, wenn ich niemanden sehe, aber so ganz lässt sich der Kontakt dann mit den Leuten hier doch nicht vermeiden. Meine Nachbarn sind ausschließlich junge Leute und ich fühle mich da eben ein wenig alt. Das ist irgendwie neu für mich, da ich sonst eher mit älteren Leuten verkehre und es gewohnt bin der Jungspund zu sein. Die neue Rolle fühlt sich schon etwas merkwürdig an.

Jedenfalls wollte ich nach der Arbeit im benachbarten Restaurant zu Abend essen. Ich fand, das hatte ich mir nach der Schufterei verdient. Dort war es relativ voll und man bedeutete mir diskret, ob ich nicht später wieder kommen könnte, da ich als einzelner Gast die Tische blockieren würde. Ich nahm es gelassen und fuhr mit den Fahrrad ins Dorf um eine Pizza zu essen. Die war zwar nicht gut, aber immerhin war es weg vom Tourirummel. Auf Reisen ist man ja mehr oder weniger gezwungen, sich an die Welt der anderen, sei es im Restaurant, auf Besuch oder wo auch immer anzupassen. Ich muss gestehen, sehr oft finde ich das Niveau mancher Orte, die Form der Gespräche, die Musik, welche meistens läuft und die Art, wie manche sich kleiden, ziemlich schrecklich. Ich denke dann, manchen ist wohl nichts peinlich. Wie man sieht, bin ich auf dem besten Wege so ein typischer Deutscher zu werden, der an allem was herum zu meckern hat. Wahrscheinlich gucke ich schon wie die. Nun, über dem Bett meiner Großmutter hing ein Spruch: "Seit ich die Menschen kenne, liebe ich die Tiere." Der ist schon krass. Nun, ich erwische mich manchmal auch dabei, dass ich dem Meer und den Bergen freundlicher gesinnt bin, als manchen meiner Zeitgenossen hier, wenn sie wieder mal so tun, als wären sie alleine auf der Welt. Aber das sind vielleicht auch Phasen.

Es sieht so aus, als ob

Auf meiner Internetseite, auf welcher ich manche Tagebucheinträge veröffentliche, ist so ein Zähler eingebaut, anhand dessen ich die Besucherzahlen sehen kann, welche die Blogs lesen. Es werden da irgendwie immer mehr. Auch bekomme ich öfter Mails mit den unterschiedlichsten Kommentaren. Von Zustimmung, wie etwa, „Ich sehe die Dinge genauso." bis zur totalen Ablehnung: „Ich weigere mich dieses weiterhin zu lesen." Es sieht also so aus, dass ich vielleicht mal was richtig stellen sollte. Es könnte bei manchen der Eindruck aufkommen, dass ich nach Lust und Laune so richtig abläster und bestimmte Erscheinungen der menschlichen Spezies, wie Schwaben, Deutsche im Allgemeinen und deutsche Frauen im Besonderen, sowie Schweizer und Italiener mit Vergnügen niedermache. Dem möchte ich entgegentreten und schon gar nicht möchte ich pauschalisieren oder über bestimmte Minderheiten auf unserem Planeten urteilen. Ich kenne viele nette und kluge Deutsche, auch Schwaben, nette und schöne deutsche Frauen, Schweizer/innen, sowie Italiener, welche ich sehr schätze. Auch mag ich meine schwäbische Kleinstadt, in der ich lange gelebt habe. Also, verehrte Leser, betrachtet meine Statements mit Abstand und Toleranz. Möget Ihr diese Eigenschaften besser entwickelt haben als ich. Nun, was liegt sonst in der Luft? Ich kann nur immer wieder sagen, dass Seemänner großartige Lehrer sind. Die versuchen zum Beispiel nicht zu segeln, wenn kein Wind ist, so wie ich. Alles was sie tun müssen, ist auf Wind zu warten. Und wenn er kommt, brauchen sie nur ihre Segel zu setzen. Die letzten Wochen habe ich als eine Art Flaute erlebt, aber so langsam spüre ich, wie ein Lüftchen aufkommt. Mein Auto fährt wieder, dank meines Freundes hier, ohne den ich wahrscheinlich hätte schon längst aufgeben müssen und es ergibt sich aus verschiedenen Puzzlestückchen ein kleines Teilbild, wie es weiter gehen könnte.

Neulich hat eine Freundin eine CD von mir bestellt. Ich bin mir nicht sicher, ob sie mir einen Gefallen tun wollte oder ob sie wirklich meine Musik mag. Davon bin ich heute Abend Essen gegangen und bei jedem Schluck Wein habe ich auf ihre Gesundheit getrunken. Das ist natürlich gelogen, aber zweimal habe ich es getan. Ich war in einem deutschen Restaurant essen, da es eine gute Küche hat. Als ich ging, schlenderte ich so langsam an den anderen Tischen vorbei, um zu hören was die Leute so sprechen. Es fielen Begriffe wie Arbeitsabläufe effizienter zu gestalten, Fahrverhalten und Einsparungen und das ohne Ausnahme. Und die Leute sind hier im Urlaub. Ich glaube, so ist der Blues entstanden, der Fado ebenso. Ich denk mir ja das alles nicht aus. Diese Leute gibt es wirklich. Und die sterben einfach nicht aus, sehr oft gewinnen die auch noch die Wahlen. Aber diese Woche war ich bei einer typisch katalanischen Familie zum Abendessen eingeladen. Da war es nicht anders. Die vorherrschenden Themen waren Geld und Katalonien. Übrigens wird hier spanisch in der Schule als Fremdsprache unterrichtet. Ist wie zu Hause. Ich behaupte nie wieder, ich sei in Nordspanien. Es heißt ja, die Katalanen sind die Schwaben Spaniens.

Was ich für mich bisher herausgefunden habe

Ich empfinde diese Reise als sehr lehrreich. Nur durch die direkte Erfahrung werden mir viele Sachen klarer. Folgendes habe ich für mich bisher herausgefunden. Ich habe diese Lehren in der Du-Form verfasst, es muss sich aber bitte niemand angesprochen fühlen.

1. Lerne zu geben, ohne Erwartungen, sonst sind deine Beziehungen nichts anderes als ein Tauschgeschäft.

2. Nimm einmal am Tag Kontakt zur Weite und Unendlichkeit auf, sonst bleibst du im Menschsein gefangen.

3. Suche die Liebe nicht im Außen, auch nicht im Anderen, sonst bekommst du Probleme in deiner Beziehung oder haderst mit dir und der Welt.

4. Vergiss alles, wovon du glaubst was du bist, sonst wirst du den nicht mögen, der dein Bild, das du von dir hast, in Frage stellt.

5. Finde heraus, wieviel Sicherheit du im Leben brauchst, um dich emotional stabil zu fühlen, sonst wirst du dich in der scheinbaren Unsicherheit unwohl fühlen.

6. Bewahre die Unschuld des Herzens, sonst wirst du nicht den Moment erleben, als was er ist.

7. Entwickle Mitgefühl dafür, dass Menschen sehr oft aus der Angst heraus handeln, sonst fällt dich leicht der Hochmut an.

8. Sei einverstanden mit dem was ist, sonst wirst du nie zufrieden sein.

.......und noch ein Tipp
von meiner besten Freundin M. aus Andalusien!

Wer tief einatmet, atmet auch tief aus.

Arbeitgeber

Vor ein paar Jahren wurde ich vom Amtsgericht Schwäbisch Hall zu 600 € Strafe verurteilt, weil ich meine eigenen Songs im Konzert gespielt habe. Begründung: "Der Gitarrist Jeoma Flores hätte den Komponisten Jeoma Flores vorher um Erlaubnis bitten müssen, seine Musik im Konzert spielen zu dürfen." Aha, darauf muss man erst einmal kommen. Also, diese Probleme habe ich hier jetzt nicht mehr. Mein Arbeitgeber zum Beispiel weiß nicht mal meinen Nachnamen. Ich kenne seinen übrigens auch nicht. Mir gefällt das gerade so. Nochmal ein Seitenblick auf den deutschen Campingplatz hier. Da müssen die Angestellten den Kaffee bezahlen und in der Nachsaison werden sie dann entlassen, um Kosten zu sparen. Wirtschaftlich sicherlich sinnvoll. Mein spanischer Arbeitgeber zum Beispiel behält seine Leute. Es sind keine Kunden da, aber dafür drei Kellner. Er sagt, sie haben in der Hauptsaison gut für mich gearbeitet, so sorge ich jetzt für sie. Die sitzen auf den Fußboden, schauen den ganzen Tag fern und die Atmosphäre ist ziemlich entspannt. Damit kann ich ganz gut leben und der Kaffee ist auch umsonst. Angenehm warm mit 25 Grad ist es ebenso und ich kann schwimmen im Meer, so oft ich will. Also, was vermisse ich? Ich vermisse meine Freunde und Freundinnen in Deutschland. Aber vielleicht kommen ja mal welche mich besuchen und dann feiern wir eine richtige Party, so mit allem Drum und Dran und vielleicht kommt der/die eine oder andere auf den Geschmack und bleibt hier, was ich durchaus verstehen könnte.

Sicher durch das Leben

Heute am Strand sah ich eine Frau, welche an zwei Stöcken ging. Ich glaube, man nennt es Nordic Walking oder so.

Von diesem Sport habe ich keine Ahnung, nur den Verdacht, dass es den Leuten vielleicht schwer fällt, ohne Hilfsmittel auf zwei Beinen zu gehen.

Warum sparen sie sich nicht das Geld für die Stöcke und laufen einfach auf allen Vieren? Das wäre doch mal ein Anblick.

Kann das übrigens jeden mal empfehlen. Man nimmt die Welt ganz anders wahr.

Und sonst? Gestern war ich mit meinen Nachbarn aus. Es war richtig lustig. Ohne in den Verdacht kommen zu wollen, dass ich mich mal wieder über ein gewisses Volk lustig mache, aber mein Rezeptionskollege, welcher auf dem deutschen Campingplatz arbeitet, erzählte mir Folgendes: Gestern, also am Montag, gingen folgende Fragen von verschiedenen deutschen Urlaubern bei ihm ein.

1. Wo wird am Donnerstag (also, in vier Tagen) morgens um neun Uhr die Sonne stehen, da ihr Hund die Sonne sehr mag und sie ihr Zelt entsprechend aufbauen wollen.

2. Wird es am Freitag (also in fünf Tagen) regnen, da sie am Samstag abreisen und ihr Vorzelt darf

auf keinen Fall nass sein, wenn es eingepackt wird. Sollte es dennoch regnen, müssten sie noch einen Tag länger bleiben, damit das Zelt trocken wird und das würden sie dann aber nicht bezahlen, denn der Rezeptionist hat ja gesagt, dass es nicht regnet.

3. Eine Frau kam morgens gleich um acht Uhr (Deutsche kommen grundsätzlich morgens) und sagt, sie werde den Campingplatz anzeigen. Ihr Mann sei beim Fahrradfahren in einem vier km entfernten Naturschutzgebiet von einem Ast gestreift wurden. Der Campingplatz wirbt mit der Nähe des Naturschutzgebietes und hat also dafür zu sorgen, dass die Wege frei sind.

Nichts davon ist hier übertrieben dargestellt und das sind auch leider keine Ausnahmen. Vermutlich macht meine Telefongesellschaft hier geschlossen Urlaub. Wenn ich mit denen kommuniziere, da stelle ich mir auch so manche Frage. Ich habe hier aber mit denen nix groß zu tun, außer dass sie im Supermarkt mit mir an der Kasse stehen und dieser Kontakt reicht dann auch. Jeder geht dann seiner Wege. Bin ja gespannt, wo meiner mich hinführt. Befürchte, so einen Job, wie ich ihn gerade habe, bekomme ich nie wieder. Der ist einfach zu gut.

Übrigens fiel mir heute morgen auf, dass ich schon seit Monaten (eigentlich seit Jahren) mich mit niemanden mehr so richtig gestritten habe. Die Harmonie scheint mit sich selber wohl leichter zu funktionieren.

Ich glaube die Vorteile eines Singles-Leben kommen so daher geschlichen, ohne dass man sie sofort erkennt. Man kann einfach nach Belieben schalten und walten und muss niemanden Rechenschaft ablegen. Nicht, dass ich ein überzeugter Single wäre, aber das Leben ist, wie es ist und manchmal ist Single blöd und manchmal ist eben Beziehung blöd. Noch blöder ist, wenn man gar nicht mehr anders kann, als seinen festgefahrenen Strukturen zu folgen.

Und was passierte sonst noch?

Vor einiger Zeit waren wir in den Bergen klettern. Gerade als ich mich abseilen wollte, merke ich, dass ich vergessen hatte meinen Sicherheitsgurt zu schließen. Da hing ich nun am Felsen und überlegte, ob es das jetzt war. Hinunter klettern ging nicht, dafür war es zu steil. Also versuchte ich Zentimeter um Zentimeter irgendwie Halt zu finden und mit einer Hand zum Verschluss zu kommen. Irgendwann nach sehr langer Zeit gelang mir dies. Rechtlich wäre mein Freund dran gewesen, da er offizieller Veranstalter war und nicht alles kontrolliert hatte. Aber dieses Denken, dass grundsätzlich jemand anders Schuld hat, wenn ich nicht auf mich aufpassen kann, war mir schon immer fremd gewesen. Ich weiß, dass von diesem Glauben ganze Wirtschaftszweige leben und viele nur zu gern die Verantwortung für ihre eigene Misere abgeben. Aber was soll es? Ist ja nicht meine Sache. Im Moment ist Vollmond und er scheint auf das Meer, es ist immer noch schön warm und dann sitze ich da und vergesse alles, was mich so herumtreibt und denke dann: „Wie schön das doch ist."

Das Feminismus-Syndrom

Es gibt Männer, mit denen kann man wunderbar über Frauen sprechen. Und je offener und ehrlicher die Atmosphäre ist, in der dies geschieht, umso spannender und auch lustiger ist es oft. Mir fällt auf, dass manche Männer in einem bestimmten Alter relativ häufig an Sex denken. Wer hätte das gedacht? Vor allem Single-Männer sind eine kostbare Spezies. Ich kenne ein paar, welche mir berichten, dass sie früher hin und wieder ins Bordell gingen, heutzutage aber immer öfter ihre Lust über das Internet ausleben, da dies weitaus bequemer ist. Sie sagen, dass sie inzwischen zu träge geworden sind, um den Weg ins Bordell zu machen und dass eben viele Frauen auf der freien Wildbahn so unabhängig und anspruchsvoll in Bezug auf Männer geworden sind, dass sie keine Lust mehr haben, mit einer Frau herum zu baggern und sie dann doch lieber zum Bier greifen. Sie sagen zwar, dass sie die Qualität des Kontaktes in einer richtigen Begegnung vermissen, aber es irgendwie nicht schaffen dies zu ändern. Ich glaube, so wie das Internet die Menschen zusammenbringt, so bringt das Internet Frauen und Männer (gleiches gilt natürlich auch für gleichgeschlechtliche) ebenso auseinander. Auch wenn die Institute behaupten, dass 70 Prozent der Partnerschaften sich über das Internet finden. Das ist möglich, aber ich kenne die andere Realität aus vielen Gesprächen und Gruppen. Auch Frauen berichten mir, dass sie sehr oft ihre Lust mit sich selbst ausleben. Dies ist für sie dann angenehmer als die nervtötende Tour mit einem Typen durchzumachen. Frauen haben natürlich genauso die Sehnsucht nach wirklichem Kontakt, aber manche sind irgendwie auch vom Zeitgeist gepackt. Ich nenne dies das Feminismus-Syndrom. Frauen können heutzutage ihre Stärke sehr gut ausleben. Das ist vielleicht gut so. Aber ich beobachte, dass so gut wie jede Schwierigkeiten hat, mit ihrer Macht umzugehen und entweder die Männer leiden darunter oder sie verweigern sich von vornherein. Ist ja immer die Frage, welchen Werten im Leben man den Vorzug gibt.

Was ist letztendlich das Resultat daraus? Das Resultat ist, dass weniger Begegnung stattfindet, manche immer vorsichtiger werden und es ihnen immer schwerer fällt sich zu öffnen und sich zu zeigen. Mir ist schon auch durchaus bewusst, dass für manche alles Quatsch ist, was ich schreibe und andere ganz anderes erleben. Hat ja oftmals mit einem selber zu tun. So, wie ich denke und fühle, so wird meine Realität. Und so frage ich mich immer öfter, ob es da unabhängig von meiner Person überhaupt eine Welt gibt. Wenn zum Beispiel mir auffällt, dass es viele einfach nicht gelernt haben ihr Herz zu öffnen, dann fällt mir dies auf, weil das zu jenem Zeitpunkt vermutlich mein eigenes Problem ist.

So, was ist die Lösung? Neulich sah ich ein Pärchen auf einer Bank sitzen, er mit dem Notebook, sie mit dem Handy. Ich glaube, sie wollten irgendwie mit jemanden kommunizieren. Warum begegnet mir dies? Vermutlich, weil es da so ein Resonanzgesetz gibt und mir eben exakt in der äußeren Welt gezeigt wird, was da so unbewusst in mir vor sich hin köchelt.

Eine Zeit lang war ich sehr bemüht es den sogenannten feministischen Frauen recht zu machen und mich ihrer Akzeptanz zu versichern. Mit der Zeit stellte ich dann fest, dass das Leben auf diese Art ganz schön anstrengend sein kann und ich ließ es. Plötzlich verschwanden diese Art Frauen völlig aus meinem Leben. Inzwischen frage ich mich, ob es die tatsächlich gibt.

Es gibt Momente

Mein Nachbar, welcher eine Weile verschwunden war, ist wieder aufgetaucht. Gerade als ich mich gestern zur Ruhe begeben wollte. Wenn er nicht Bum-Bum-Musik hört, schaut er DVDs, wo meistens viel geschrien und geschossen wird. Ich beschließe in meinem Campingcar zu übernachten. Als ich dann da drin liege, merke ich, dass mich die elektrische Straßenbeleuchtung stört. Mmmh, so kann kein Feeling aufkommen. Also setze ich mich ans Steuer und mache mal wieder was verbotenes, indem ich zum Strand fahre und da mein Auto abstelle. Es ist grandios. Ich öffne alles und liege in meiner kuscheligen Decke mit Blick auf den Strand und das Meer und beobachte den Mond. Niemand ist sonst hier. Plötzlich fühle ich tiefen Frieden und einen Hauch von Glückseligkeit. Ich bin meinem Nachbarn zutiefst dankbar. Ohne ihn hätte ich mich vermutlich nicht aufgerafft, da mein Mobilhome ja auch sehr bequem ist und ich dann eigentlich nichts vermisse. Aber es ist kein Vergleich mit dem Anderen. Der Vater von einem meiner Lehrer "Lame Deer", welcher ein bekannter Medizinmann bei den Lakota – Indianern war, sagte immer: "Wenn wir nicht lernen unbequem zu leben, wird die Erde und wir untergehen". Tja, ich sehe es ja schon bei mir. Freiwillig wird der Mensch es sicherlich nicht tun. Plötzlich bekomme ich unerwarteten weiblichen Besuch. Eine Mücke, stört meinen Frieden. Nun, anscheinend gibt es immer was, was nicht perfekt ist. Ich denke auch, eine Frau wäre jetzt vielleicht schön, aber wahrscheinlich würde ich sie mir weit weg wünschen, wenn jetzt eine neben mir liegen würde und ich würde vielleicht meinen: "Ach, wäre ich nur allein". Als ich über diese Sache nachdenke, bin ich schon eingeschlafen. Am nächsten Morgen wache ich spät gegen zehn Uhr auf. Ich öffne mein Auto und schau auf den Strand. Freue mich, dass niemand da ist. 200 m Sandstrand breit und 15 km lang und ich kann nackt herum springen und schwimmen. Dann wird es schon Zeit für den Kaffee, auch wartet ein neues Gitarrenstück auf mich. Und wieder mal verspreche ich mir hoch und heilig, dass ich mich nicht mehr von der normalen, profanen Welt von meinem Weg abbringen lasse und in die Welt der Ablenkung, des sich Sorgenmachens usw. wieder eintauchen werde. Mal schauen, wie lange es anhält. Ich sollte vielleicht auch aufhören gegen sie zu kämpfen. Ich kann versuchen, dass meine Welt wächst, indem ich ihr mehr Aufmerksamkeit gebe und dem Anderen keine Energie mehr schenke. Auch wenn ich dadurch allein bleibe sollte, da es vielleicht weniger gibt, was ich mit den Menschen teilen kann und sie mit mir. An den Momenten, welche ich immer wieder erfahre, merke ich, dass es sich lohnt.

Wenn man es jedem Recht machen will

Also, manchmal frage ich mich schon. Es gibt Menschen, zu denen ich vermutlich gehöre, die haben es gern, wenn es harmonisch ist. Manchmal sieht es aber so aus, dass man um der Harmonie willen ein Stück weit von seiner Authentizität aufgeben muss. Wie ich darauf komme? Nun, anscheinend rufe ich sehr unterschiedliche Reaktionen mit meinen Tagebucheintragungen hervor und so manch einer fühlt sich dann doch arg provoziert.

Das erinnert mich an folgende Geschichte. In der glühenden Mittagshitze zogen ein Vater, sein Sohn und ein Esel durch die staubigen Gassen einer Stadt. Der Vater saß auf dem Esel, während der Junge daneben herging. Da sagte ein Vorübergehender: „Der arme Junge. Seine kurzen Beine können mit dem Tempo des Esels kaum mithalten. Wie kann ein Vater so faul auf dem Esel sitzen, während der Junge vom Laufen ganz müde wird." Der Vater beherzigte diese Worte und setzte seinen Sohn auf den Esel. Bald darauf kam ein anderer Mann vorbei und rief: „So eine Unverschämtheit. Der Bengel sitzt wie ein Sultan auf dem Esel, während sein armer, alter Vater neben herläuft." Dies schmerzte der Jungen, der daraufhin den Vater bat, sich hinter ihn auf den Esel zu setzen. Bald darauf rief eine vorbeigehende Frau entrüstet aus: „Hat man so etwas schon gesehen? So eine Tierquälerei! Der Rücken des armen Esels hängt völlig durch, und der alte und der junge Nichtsnutz ruhen sich auf ihm aus, als wäre die arme Kreatur ein Diwan!"

Daraufhin stiegen Vater und Sohn wortlos vom Esel herunter, nahmen das Tier in ihre Mitte und gingen rechts und links daneben her. Kurze Zeit später machte sich ein Fremder über sie lustig: „So dumm möchte ich ja im Traume nicht sein. Wozu führt ihr denn den Esel spazieren, wenn er nichts leistet, euch keinen Nutzen bringt und nicht einmal einen von euch trägt?"

Vater und Sohn sahen einander wortlos an, dann packte der Vater den Esel bei den Vorderbeinen, der Sohn nahm ihn bei den Hinterbeinen, und so trugen sie beide ihren Esel für den Rest des Weges.

Da kommt es her

Berthold Brecht sagte einmal: "Die höchste Kunst ist die Lebenskunst". Der Lebenskunst kann sich auch so niemand richtig entziehen, wir sind nun mal da. So nimmt denn der eine, was er kriegt im Leben und der andere strebt immer nach etwas anscheinend Besserem. Wie wir unser Leben letztendlich gestalten, hängt also doch zu einem großen Grade möglicherweise von uns ab. Ein Freund von mir sagte einmal: "Im Alter wusste er, wie vieles im Leben geht, aber das Wissen hat ihm dann nichts mehr genützt." Ja, so kann es auch gehen.

Ich persönlich bewege mich gerade auf dünnen Eis. Dieses Gefühl habe ich immer dann, wenn ein Zyklus zu Ende geht, so wie jetzt. Das neue ist noch nicht sichtbar, sollte es aber langsam sein. Mir bleibt noch eine gute Woche, in der ich oder das Leben entscheiden, wie es weitergeht. Ich gebe mein Bestes und folge dann dem, was sich mir vielleicht als Möglichkeit eröffnet. Aus meiner bisherigen Erfahrung kann ich sagen, dass es doch immer wieder zu diesem Zeitpunkt das Richtige sein wird. Dass die Arbeit so langsam zu Ende geht, fühlt sich ebenfalls stimmig an. Obwohl ich große Lust hätte, im Schwäbischen mit meinen Freunden mal wieder Snooker zu spielen, schreckt mich der Blick auf das Wetter in Deutschland ab. Hier ist es immer noch warm und sonnig, obwohl gerade Wind ist und der mit etwas auf die Nerven geht.

Jedenfalls das Schwimmen im Meer, ist für mich unglaublich wichtig. Dafür nehme ich vieles in Kauf, zumal gerade das Wasser sehr klar ist, ich beim Schwimmen auf die Pyrenäen sehen kann und es meinem Körper sehr gut tut. Und sonst? Gestern war ich mal wieder in Cadaques. Ich war eingeladen zum Abendessen. Es waren interessante Leute da und ich habe mich sehr wohl gefühlt. Unter anderen ein Flamencogitarrist aus Barcelona, welcher mir sehr effektive Technikübungen auf der Gitarre gezeigt hat. Das war schon toll, da es auch ein Grund meiner Reise war, dass ich Leuten begegne, welche mich inspirieren. Es war eine Atmosphäre, wo jeder jeden gesehen hat und ich hatte auch das Gefühl, jeder konnte jeden sehen ohne Wertungen. Als ich nach Hause fahren wollte, war eine Kralle an meinem Auto und ich musste 110 Euro Strafe zahlen, wegen falsch parken. Ja, so kann es gehen. Ein Freund erzählte mir, dass er 140 Euro Strafe zahlen musste weil er nicht angeschnallt war. Das fand ich sehr ernüchternd, da ich selten Lust habe, mich an zuschnallen. Ich bin mal als Kind aus dem Kinderwagen gefallen, da war ich auch nicht angeschnallt. Aha, wird da mancher denken, da kommt es her.

Zyklen im Leben

So langsam wird es auch hier kühler, vor allem nachts. Tagsüber ist es aber schon noch schön, vor allem, wenn die Sonne scheint.

Nur der Wind geht mir nach wie vor etwas auf die Nerven. Aber er soll heute aufhören. Vor ein paar Tagen habe ich eine Freundin besucht, welche auf einem sogenannten Glücksseminar in der Nähe von Barcelona war. Ich habe mir dies alles ein wenig angehört, es war nichts Neues dabei. Beeindruckend fand ich die Teilnehmerzahl von 300 Leuten, alle auf der Suche nach Glück. Für mich war es spannend, dass ich genau vor sieben Jahren im selben Hotel schon mal war. Hier gibt es Hunderte Hotels und ich lande ausgerechnet wieder dort. Und dann spüre ich, wie die Zyklen im Leben ihre Bahn ziehen und dann kann ich sehen, was sich verändert hat oder auch nicht.

Nun, jeder von denen fährt nach dem Seminar wieder nach Hause, in eine geheizte Wohnung, mit einem Job, damit sie die auch bezahlen können und vielleicht zu einem Partner. Ist das kein Glück? Reicht dies nicht? Und dann frage ich mich, wo suchen wir das Glück? In Spanien? In Deutschland? In der Karriere, in der Partnerschaft und Familie, oder am Besten alles zusammen? Bis man irgendwann merkt, dass man alles vielleicht nicht schafft oder einem alles das nichts mehr bedeutet. Ich verurteile es nicht mehr. Wir sind anscheinend so programmiert, dass es selten genug ist und wir gleichzeitig immer irgend etwas vermissen.

Neulich spielte ich mal wieder in Cadaques, jener idyllisch gelegenen Stadt am Meer, wo schon Salvador Dali sich inspirieren ließ. Es wohnen viele Künstler dort, auch solche, die es gern wären und zumindest schon mal so aussehen. Da ich öfters dort in einer Bar spiele, kennen mich die Leute allmählich und es kommen auch immer neue Leute, welche mich spielen hören wollen. Auf der Straße werde ich manchmal mit Maestro begrüßt. Klingt viel besser als: „Sind Sie do Gidarrenlehrer"? In der Bar spiele ich nur für das Essen und manchmal verkaufe ich CDs. Mein Geld verdiene ich noch bis nächste Woche an der Rezeption. Dann sind der Job und meine Unterkunft definitiv zu Ende. Und wieder einmal geht es im Leben um Vertrauen. Einerseits fühle ich mich nach wie vor sehr leicht, andererseits merke ich, wie ich mit den Gedanken daran hängen bleibe.

Nach wie vor gibt es keinen Plan, nichts was ich vorbereiten müsste. Wieder einmal bin ich aufgefordert zu springen, ohne zu wissen, was danach passiert. Das Ganze hat natürlich auch was Prickelndes. Aber ohne Vertrauen geht es nicht. Nur wenn ich vertrauen kann, bin ich in der Lage, mein

Wissen und meinen Verstand beiseite zu lassen. Gewöhnlich ist das Leben dann auf keinen Fall mehr. Es fühlt sich an wie der Eingang zur Unendlichkeit. So folge ich dem, was sich ergibt, was mir mein Gefühl sagt und wo ich Zeichen aus Gesprächen, den Wolken und meinen Träumen entnehmen kann und womit ich vor allem in Resonanz gehe. Mir bleiben noch sechs Tage etwas Neues zu finden. Auf alle Fälle fühle ich mich eingewoben in ein Netz, wo ich mit ein paar Leuten in Kontakt bin und wir uns versuchen gegenseitig zu unterstützen. Von denen, die satt sind, ist eher nichts zu erwarten, ist vielleicht auch nicht ihre Aufgabe. Wie heißt doch das Sprichwort? „Der, der satt ist, macht dem Hungrigen kein Feuer." Aber auch da kann dann ein Austausch auf unterschiedlichen Eben stattfinden. Ich werde sehr oft hier zum Essen eingeladen. Ich habe mal gefragt, warum das so ist. Sie sagen, ich kann so lustige Geschichten erzählen und es wird immer viel gelacht. So bezahle ich anscheinend damit, ohne es gemerkt zu haben.

P.S. Gerade war ich lange am Strand spazieren. Das Licht und die Weite waren wieder grandios. Ich merke wie wichtig es ist, sich jeden Tag körperlich zu bewegen, der Geruch und die Farben der Welt werden intensiver. Wieder mal traf ich niemanden auf dem kilometerlangen Sandstrand. Mir gefällt das - wundert mich aber dennoch. Dass

Frauen hier nicht alleine spazieren, verstehe ich. Vergewaltigungen passieren hier eben öfters. Auf der anderen Seite stehen die Prostituierten zu Hunderten an der Landstraße und es werden immer mehr. Übrigens auch immer mehr Männer. Die Krise ist in Spanien angekommen. Ein paar Ehefrauen toben zu Hause, so wie mir berichtet wird. Der Haussegen hängt dann so ziemlich schief. Ein befreundeter Therapeut hat mir mal gesagt. Wenn ein Partner fremd geht, liegt die Schuld 50 zu 50 verteilt auf beiden. Ich fragte ihn, ob er mir das schriftlich geben kann, mit Stempel, falls ich mal in so eine Situation kommen sollte.

Spässchen gemacht.! Komme ich ja nicht. Wer will schon jeden Tag blöd am Meer rumlaufen und aufs Wasser starren und sich vielleicht alle möglichen Geschichten anhören. Besser, jeder kapselt sich in seine Welt ein und man trifft sich dann auf Facebook. Obwohl Facebook gar nicht so schlecht ist. Man erfährt doch ein bisserl was über die anderen, wenn auch nichts Wesentliches. Aber auch aus dem Unwesentlichen lernt man mit der Zeit zu lesen, wie es den Leuten wirklich geht und womit sie sich beschäftigen. Und ich wünsche ja jedem, dass das Leben irgendwann so wird, wie man das derzeitige auf Facebook darstellt.

Riesige Wellen

Heute sind riesige Wellen hier. In diesen Momenten denke ich, das Meer kann man nicht zähmen und das gefällt mir. Übrigens stelle ich seit einiger Zeit fest, dass sich meine energetische Struktur irgendwie verändert hat. Ich habe viel wieder von meiner ursprünglichen Lebensfreude gefunden, lebe relativ sorglos und fühle mich oft grundlos fröhlich. Woher es kommt, weiß ich nicht. Ich will mich fast schon wieder zwingen mir Sorgen zu machen, da ich noch nicht weiß, wo ich nächsten Monat sein werde und von was ich leben soll, aber irgendwie macht mir das momentan überhaupt nichts aus. Im Moment vermisse ich nichts und ich möchte auch nichts. Vielleicht kommt es auch daher, dass ich nicht mehr diesen Zwängen ausgesetzt bin, wie ich es immer bei meinem sesshaften Leben in Deutschland empfunden habe und mich mit Bürokratie, Telefongesellschaften, GEMA und Krankenkassen herum plagen musste, die sich alle Mühe gegeben haben, mir das Leben schwer zu machen. Vielleicht liegt es daran, dass ich nicht mehr so zurückgezogen lebe und mehr mit den Menschen teile. Niemand hat groß Geld, aber irgendwie reicht es, dass wir öfter zusammen essen gehen können, tagsüber noch ein Baguette, mehr braucht es nicht. Vielleicht liegt es an dem Job, der mich nicht groß fordert, mich aber sehr ruhig macht und mir ein Gefühl von Entspannung gibt. Oder liegt es an den Leuten, mit denen ich zusammen bin, wo keiner den Anspruch hat, es richtig machen zu wollen, Hauptsache, es ist lustig? Den anderen, also denen, die alles richtig machen wollen, gehe ich aus den Weg, da ich sofort sehe, dass der Kontakt mit ihnen anstrengend ist. So kann es weitergehen für mich, aber leider ist diese Woche alles zu Ende und dann muss ich notgedrungen wieder auf die Suche gehen. Vieles von dem, was ich die letzten Jahre gelebt habe, stimmt für mich nicht mehr. Inzwischen möchte ich nicht mehr allein leben, so wie bisher, da fange ich bloß an, meine Macken zu pflegen. Ich kann eine Partnerschaft oder so etwas haben, muss aber nicht. Ich brauche sie nicht mehr, um mich wohl oder emotional aufgehoben zu fühlen. Eine Gemeinschaft, so von ungefähr sechs bis zehn Leuten, würde mir gefallen, so wie jetzt hier, in der sich jeder selbst beschäftigen kann und Multi-Kulti sollte sie sein und Stopp! Fange ich doch schon wieder damit an, Bedingungen an das Leben zu stellen. Müsste doch eigentlich inzwischen wissen, dass dieser Weg in die Irre führt und gerade damit viele Probleme anfangen. Wir sind zwar Schöpfer unserer Realität und wir können uns so viele Universen erschaffen, wie wir wollen (inzwischen glaube ich auch, dass man sogar Gefühle erschaffen kann), aber es ist schöner, die Welle perfekt reiten zu können, wenn sie kommt und dafür muss man üben und darf keine Angst haben, auch nicht vor dem Sterben. Wie auch immer, ich habe herausgefunden, dass es wichtig ist dem, zu folgen, was die tiefste Sehnsucht in einem ist und die Führung dem höheren Selbst zu überlassen. Das, wozu ich mich nicht zwingen muss, stimmt für mich. Dinge wie Angst und Sicherheitsdenken, sind da schlechte Ratgeber. Es ist gut, sie wahrzunehmen, aber ihnen keine allzu große Aufmerksamkeit zu geben. Zu schade ist das Leben, das eröffnet sich mir jeden Tag mehr, als dass man es nicht lebt. Es gibt diese gefräßigen Monster, die versuchen, uns klein zu halten und die versuchen uns zu versklaven. In meinem Fall musste ich mich erst einmal äußerlich von denen befreien,um zu erkennen, das mein innerer Umgang mit ihnen mich unfrei und ohnmächtig ihnen gegenüber hat fühlen lassen. In meinem Fall hießen sie Telefongesellschaften, GEMA, Krankenkasse. Bei jemand anderem heißen sie anders. Sehr viel hat das Ganze aus meiner Sicht mit Konditionierung zu tun. Wenn wir zum Beispiel gelernt haben, uns immer mit etwas zu beschäftigen, was abwesend ist, wird das unser ganzes Leben durchziehen. Wie meine ich es? Wenn zum Beispiel jemand dauernd damit beschäftigt ist, das etwas nicht in Ordnung ist in seiner Umgebung, wird er das Gefühl sein Leben lang haben. Oder wenn jemand meint, dass er im Grunde erfolglos sei, mit dem was er macht, so wird er dies immer glauben, auch wenn er vielleicht für andere ein erfolgreicher Mensch ist. Für ihn wird es nicht genug sein und er wird immer das latente Gefühl haben, das Leben habe ihn letztendlich den Erfolg versagt. Unsere Grundeinstellung und unser Umgang mit den Dingen zeigt sich dann mit der Zeit in unserem Gesichtsausdruck und unserer Körperhaltung. Vielleicht erklärt dies die Unzufriedenheit, die hier so manche westeuropäischen Urlauber ausstrahlen, dieses „Es ist selten gut genug". Gerade wir Menschen aus den sogenannten reichen Ländern strahlen dies anscheinend öfter aus. Und natürlich kenne ich es ja auch gut von mir selbst. Will mich da nicht raus nehmen. Bekanntermaßen wird das, was wir Aufmerksamkeit geben, wachsen, im Negativen wie im Positiven. Und so ist es gut, das Spiel zu durchschauen und nicht hängen zu bleiben. Unsere Freude ist immer da, immer in uns. Es ist schön sie wieder hervor zu holen. Dafür muss man manchmal weit gehen, um zu erkennen, dass sie immer bei einem war.

Weiter, offener Raum

Als Erstes gehe ich nach dem Aufwachen wie so oft gleich ans Meer. Jeden Morgen bin ich neu überwältigt von der Schönheit, der Wildheit und der Weite. Ich möchte dies eigentlich nicht mehr missen in meinem Leben. Beim Schwimmen werden dann die Glückshormone noch einmal ausgeschüttet. Gestern war mein letzter Arbeitstag und nun liegt vor mir ein offener, weiter und unbekannter Raum. Mit dem Geld was ich habe, kann ich einen, vielleicht zwei Monate leben. Ich überlege, wie ich diese Zeit nutzen möchte. Da Arbeitsangebote mir gerade nicht über den Weg laufen, stelle ich das erst einmal zurück. Die letzte Zeit habe ich wieder verstärkt mit mir allein verbracht und da merke ich, wie gut mir das tut. So entsteht der Wunsch, tiefer in mein eigenes Wesen einzutauchen. Ich fahre mit dem Fahrrad ins Naturschutzgebiet, denn die Natur urteilt nicht, ihr ist es egal, ob meine Haare gekämmt sind und ob ich Markenschuhe trage. Die Natur ist ehrlich und manchmal ist sie auch unbarmherzig. Es ist schön und aufregender, sie nicht nur als Beobachter, sondern sich als Teil dieser Harmonie zu erleben. Warum ist es heutzutage so schwierig, ein Leben zu leben, wo man einfach herumziehen kann, ein wenig zu jagen und zu fischen und da, wo es einem gefällt, zu bleiben? Millionäre können dies noch am ehesten, theoretisch und das auch nicht mehr überall. Da ich aber nicht sehe, wie ich in absehbarer Zeit das werde, muss ich einen anderen Weg finden. Ich weiß, dass Einige darauf hoffen, dass ich auf die Nase falle und sich freuen, wenn ich mal wieder eine saftige Strafe zu zahlen habe. Aber gut, vielleicht sollte ich mich mal wieder ein wenig verdünnisieren, um so aus dem Fokus manch einer zu kommen. Ich empfinde mein Leben gerade sehr schön. In diesen Momenten frage ich mich dann, wie man auf die Idee kommen kann, den Tod als Erlösung zu empfinden. Aber gut, ich bin nicht krank, habe noch etwas Geld und niemand steht hinter mir und sagt, was ich zu tun und zu lassen habe oder hat sonstige Erwartungen an mich, die mich vielleicht in Stress bringen. Also, dann auf ins Unbekannte, springen in einen weiten, offenen Raum.

Kampf und Kontemplation

Ich möchte heute an dieser Stelle jemand Anderes zu Wort kommen lassen und zwar Helena Norberg-Hodge, Trägerin des alternativen Nobelpreises. Helena Norberg-Hodge studierte vor über 30 Jahren im Himalaja die Sprache und Lebensweise der damals noch völlig unberührten Kultur der Ureinwohner. Trotz extremer klimatischer Bedingungen führten diese dank nachhaltiger Ackerbaumethoden und aufgrund eines funktionierenden Sozialgefüges ein fröhliches Leben. Im Laufe der Jahre hat Norberg-Hodge die zerstörerische Kraft von Tourismus und Entwicklung im westlichen Sinn erlebt und sie wurde zur vehementen Kritikerin. Es geht darum, wie die Konzentration der wirtschaftlichen Macht in den Händen einiger weniger, weltweit "regierender" Konzerne zur Enddemokratisierung, zu wachsender Verunsicherung und in der Folge zu Fundamentalismus und Faschismus führt. Ich werde oft unverständlich angeschaut, wenn ich behaupte, dass wir jetzt schon eine Art Diktatur wieder haben, aber so clever umgesetzt, dass man es fast nicht bemerkt. Sie spricht über die Gleichschaltung von Werbung und Nachrichten über Satellitenprogramme in die entlegensten Dörfer der dritten Welt und hier in Europa sowieso, welche fragwürdige, künstliche Bedürfnisse wecken. Sie spricht über das Verhältnis von Mensch und Natur und wie wichtig es ist, eine spirituelle Seite zu entwickeln. Denn das Spirituelle ist nichts außerhalb von uns, das Körperliche und das Spirituelle sind eins. Sie spricht auch darüber, wie wichtig das weibliche Prinzip in unserer Welt ist und darüber, warum Naturvölker fröhlicher sind als wir. Sie beschreibt wie wichtig Gemeinschaften und tiefe Beziehungen zu Menschen sind und warum ein Kind mindestens zehn Erziehungsberechtigte braucht und warum es unmöglich ist, dass eine Mutter alleine ihre Kinder großziehen kann. Sie fragt nach, warum wir hier so isoliert leben, so wenig Musik haben, so wenig Zeit, miteinander zu reden und Feste zu feiern. Auch, warum unsere Kultur nur noch Show ist und viele nicht wahrhaben wollen, was passiert in unserer Gesellschaft. Die Entwicklung ist sehr gefährlich, da sie nicht nur naturzerstörerisch ist, sondern auch seelenraubend.

Ich erlebe einen Teil dieser Entwicklung ja hier hautnah in Spanien. Ein Beispiel: Morgens kaufe ich manchmal frisch gefangenen Fisch bei einem Fischer. Es ist ein kleiner Familienbetrieb, Vater, Sohn und Schwager. Seit Generationen fahren sie mit ihrem kleinen Holzboot auf das Meer hinaus zum Fischen. Das ging auch alles ganz gut, bis die EU nach Spanien kam. Plötzlich müssen sie hohe Lizenzen zahlen, welche jedes Jahr steigen. Er erzählt mir, dass sie die fast nicht mehr bezahlen können und demnächst aufgeben müssen. Nur die großen Konzerne können diese Lizenzen noch aufbringen.

Und so werden wieder mal unter anderen diese kleinen Leute ihren Lebensunterhalt und auch Lebensinhalt verlieren und sich in das Heer der Arbeitslosen einreihen und ich dann meinen Fisch im großen Supermarkt einkaufen. Wie geht man nun damit um? Mir fällt dazu ein Spruch von M.L. King ein: *„Meine persönlichen Erfahrungen haben mich ... den Wert unverdienten Leidens erkennen lassen. Als meine Bedrängnisse zunahmen, merkte ich, dass es zwei Möglichkeiten gab, mit meiner Lage fertig zu werden. Ich konnte mit Bitterkeit darauf reagieren oder versuchen, das Leiden in schöpferische Kraft zu verwandeln. Ich entschloss mich zum zweiten Weg.“* (Martin Luther King, Kraft zum Lieben, 1964, S.232 f.)

Oder wie beschrieb ein alter Schamane und Indianer die Lebensweise der Weißen vor über 200 Jahren? Er sagte: „Ihr wollt, das wir die Lebensweise des weißen Mannes annehmen? Was ist denn nun die Lebensweise des weißen Mannes? Bau dir ein Haus, umgebe es mit einer hohen Mauer und wenn du damit fertig bist, gehe zu deinem Nachbar und nehme ihm alles weg.“

Wohin fliegen die Vögel?

Die Tage hier ziehen so gleichmäßig dahin. Sehr oft verbringe ich sie damit, die Gegend mit dem Fahrrad zu erkunden, Naturschutzgebiete mir anzuschauen und in kleinen Küstenorten Kaffee zu trinken. Mir ist es gleich, ob ich Begleitung habe oder nicht, es macht meinem Wohlbefinden keinen Abbruch. Für Frauen bin ich hier absolut uninteressant, da hier sonst meistens nur die illegalen Einwanderer aus Afrika Fahrrad fahren und dann denken sich die Frauen, ich bin auch so eine arme Sau. Stimmt ja vielleicht auch, aber im Moment habe ich immer noch die 1000 €, mit denen ich vor drei Monaten losgefahren bin und da waren einige, die gesagt haben, das wird nie funktionieren, das geht nicht. Meistens habe ich dann während des Gesprächs einfach in eine andere Richtung geschaut und gewartet, bis sie sich ausgeredet haben. Aber zurück zum Fahrradfahren: Nur wenn du es hier als Sport betreibst, einen bunten Anzug anziehst und einen Plastikhelm aufsetzt, wird es akzeptiert. Ein Bekannter fährt ab und zu in Afrika mit dem Fahrrad herum. Er sagt, es ist die beste Methode vor Diebstahl sicher zu sein. Niemand glaubt ernsthaft, dass ein reicher Westler freiwillig Fahrrad fährt, es sei denn, er hat kein Geld. Wie auch immer, alles ist hier auf Nachsaison eingestellt und das ist nur angenehm. In zwei, drei Tagen werde ich weiterziehen, vermutlich den Vögeln nach, wollte schon immer mal wissen, wo die so hin fliegen.

Bist du eine Ameise oder ein Adler?

Im einem Video auf Youtube geht der Schweizer Persönlichkeitstrainer Andreas Ackermann dieser Frage nach? Statistisch wissen, laut seiner Aussage, 95 % der Menschen nicht, was sie eigentlich wollen. Ja, ist bei mir ja auch so. So, logisch, dass denen dann jemand anderes sagt, was sie wollen, heutzutage in erster Linie die Medien. Das heißt, die Medien bestimmen zum großen Teil, wie unsere Welt von morgen aussehen wird, wenn man sie eben auch nutzt. Das wären in erster Linie bei uns RTL, SAT 1 und die Bildzeitung, die meist konsumierten Medien. Sie bestimmen das Denken des größten Teils der Bevölkerung, was gut ist, was schlecht ist und was konsumiert werden soll. Aufgabe dieser Medien ist es, die Bevölkerung zu unter(n) halten. Schon heutzutage können sich sehr viele Menschen nicht länger als eine Stunde ohne Medien oder Computer selbst oder mal mit nichts beschäftigen. Wie kann man da herausfinden, was man eigentlich wirklich braucht und will? Brauche ich eine Krankenversicherung, brauche ich ein Auto, brauche ich eine eigene Wohnung? Eines wissen die und damit meine ich auch die Wirtschaftsunternehmen dahinter und die Politik, ihr Gesetzesarm: Je isolierter der Mensch, um so mehr konsumiert er. In der Computerwelt weiß man, dass die Qualität, die ein System liefert, von der Qualität abhängt, die man eingegeben hat. So, welche Qualität haben die Informationen, welche täglich auf viele von uns einwirken? Auf alle Fälle bestimmen sie unser Verhalten. Ich persönlich habe schon lange damit aufgehört Radio zu hören oder auch mir im Fernsehen viel anzuschauen. Zu sehr genieße ich die Ruhe. Es ist schon irgendwie wichtig sich inspirieren zu lassen, aber da sollte man schon genau hinschauen, von wem oder woher die Impulse kommen. So lautet immer noch die Frage: Bist du eine Ameise oder ein Adler? Und wenn eine deutsche Ameise einen Adler sieht, fragt sie immer zuerst: "Darf der das?" In vielen Kulturen war die Natur der beste Lehrer. Sie sagt dir, für was es Zeit ist und wie jedes Wesen leben soll. Nun, das war einmal. Heutzutage sagen dir die Medien und die Industrie, wie du leben sollst.

Huhn und Adler

Zum letzten Kapitel fällt mir noch eine Geschichte ein, über einen Adler, der zusammen mit Hühnern groß gezogen wurde. Dieser Adler glaubte dann auch, er sei ein Huhn, und verbrachte den ganzen Tag mit Körner picken.

Eines Tages entdeckte ein Vogelliebhaber den Adler und nahm sich vor, aus diesem Hühneradler wieder das zu machen, was er war, ein König der Lüfte, ein Adler eben.

Zuerst ging er in den Hühnerstall und hob den Adler in die Höhe. Der Adler flatterte mit seinen Flügeln und zeigte deutlich seine versteckte Kraft. Der Vogelliebhaber sagte zu ihm: "Breite deine Flügel aus und fliege davon! Du bist kein Huhn, du bist der König der Lüfte. Du kannst doch hoch hinauf fliegen. Sei nicht zufrieden mit diesem Hühnerleben!" Doch der Adler plumpste zu Boden und machte sich sogleich wieder ans Körner picken, wie es alle Hühner taten.

Während Tagen versuchte es der Vogelliebhaber immer und immer wieder. Aber der Adler blieb bei den Hühnern. Etwas verärgert packte der Vogelliebhaber den Adler eines Tages in einen Käfig und fuhr mit ihm in die Berge. Er setzte den Käfig auf einen Felsvorsprung und öffnete die Käfigtür;

der Adler guckte ihn jedoch nur seltsam an und blinzelte mit seinen Augen. Vorsichtig nahm der Vogelliebhaber den Adler aus dem Käfig und setzte ihn auf einen Felsen.

Der Adler schaute in den Himmel und bereitete wieder seine wunderschönen Flügel aus. Zum ersten Mal schien es, als würde er in sich etwas anderes als ein Huhn fühlen. Als der Adler in die Tiefe blickte, fingen seine Flügel an zu zittern.

Der Vogelliebhaber merkte, dass der Adler furchtbar gerne fliegen wollte, dass ihm jedoch die Angst im Wege stand. Er schubste den Adler sorgfältig in Richtung Abgrund, doch der Adler zitterte nur und flog nicht. Nach mehreren Versuchen setzte sich der Vogelliebhaber enttäuscht hin und wusste nicht mehr, was tun. "Wie kann ich dem Adler das Fliegen beibringen?" fragte er sich. Er schaute herum und ließ das Bergpanorama auf sich wirken. Als er die Bergspitzen betrachtete, kam ihm plötzlich die Antwort. Er packte den Adler wieder in den Käfig und kletterte mit ihm bis zu einem der Gipfel.

Dort waren die Adler. Dort hatten sie ihre Nester. Von dort flogen sie mit kräftigen Flügelschlägen hinaus. Der Adler beobachtete das alles sehr aufmerksam, und sobald er aus dem Käfig war, streckte er seine Flügel aus, flatterte und hüpfte erfolglos auf dem Felsen herum. Plötzlich rutschte er ab. Doch wie er stürzte, merkte er auf einmal, dass er ja mühelos fliegen konnte, genau wie die anderen Adler.

Er entdeckte, wer er war, ein Adler! Befreit und wie berauscht kreiste er einige Male um die Bergspitze und flog schließlich davon.

Schicksalswandel

Nachdem die Tage in Katalonien doch recht kühl zum Ende geworden waren und ich noch überlegte, ob ich vielleicht den Winter in Cadaques, diesem netten, kleinen, teuren Örtchen an der Costa Brava, verbringen sollte, gaben dann doch die klimatischen Argumente den Ausschlag und ich beschloss, nach Andalusien weiter zu fahren. Zumal ich dort Freunde und Bekannte habe.

Ich möchte meine Freundin M. besuchen. Sie wohnt in einem kleinen Dorf in der Nähe der Küste, welches ich noch von vorangegangen Besuchen her kenne.

Ein paar Tage nach meiner Ankunft im Dorf, kommt es mir in den Sinn, eine Weile dort zu verweilen und so miete ich mir ein Haus im Dorf. Mein Geld verdiene ich damit, dass ich ab und zu Homepages für Leute gestalte und hin und wieder vor dem Malatelier eines Freunde Gitarre spiele und da ganz gut meine CDs verkaufe. Ich überdenke meine Situation. Plötzlich habe ich ein kleines Häuschen (eigentlich ist es ein großes Haus mit vier Zimmern und zwei Terrassen, so dass ich überall meine Noten verteilen kann) in einem wunderschönen Dorf mit Blick aufs Meer. Ich kann leicht mein Geld verdienen, auch wenn es gerade ausreichend ist. Dafür habe ich noch genügend Zeit, das, was mir wichtig ist, weiterzuentwickeln. Im Prinzip kann ich bestimmen, ob ich arbeite oder es bleiben lasse, kann schwimmen im Meer und habe direkt vor der Tür einen grandiosen Naturpark mit 2000ern. Ist dies meine Vorstellung von Glück in der äußeren Welt? Ist es das, was ich wollte? Andere haben vielleicht eine ganz andere Vorstellung, vielleicht mit Schnee in den Bergen, eine gesunde Familie, eine liebevolle Partnerschaft oder was auch immer. So wünsche ich jedem, dass er es gut hat und sein Leben, welches er führen möchte, auch leben kann. Wie schnell versöhnt doch einem das Gefühl von Erfolg mit der Welt. Keine Ahnung, wie lange es mir so gefällt und es gibt keine Garantie, dass es im Außen so bleibt, aber solange ich in den Bars hier rauchen kann, der Kaffee und der Wein exzellent sind, ich immer frischen Fisch habe, irgendwie jeden Tag Sonne und es noch schön warm im November ist, Flamenco immer irgendwie präsent, eine Wertschätzung in meiner Arbeit bekomme, selbst von den gitarrenverwöhnten Altspaniern, die Aussicht habe, mich künstlerisch ohne den üblichen terminlichen oder finanziellen Druck weiterzuentwickeln, werde ich dem wohl eine Weile weiter folgen.

Wie ging eigentlich der Spruch aus meiner Kindheit?

"Alle Tage Sonnenschein
kannst Du nicht erzwingen.

Doch im Herzen tief und rein
soll ein stilles Leuchten sein
und ein frohes Klingen."

Denkebenen

Interessant ist ja immer wieder, auf welcher Denkebene man sich befindet, auf der negativen, der Erhaltungsebene, oder der schöpferischen? Die meisten Menschen befinden sich anscheinend auf der Erhaltungsebene. Sie versuchen das, was sie an Erkenntnissen, an materieller Sicherheit, Freundeskreis, Beziehung usw. sich erschaffen haben zu bewahren. Dann rutscht man ab und zu mal ab in die negative, urteilende Ebene (wer ist schon frei davon?), aber auf der schöpferischen Ebene treibt man sich, zumindest gedanklich, nicht allzu oft herum. Dabei ist sie es doch, die Kreatives und Produktives hervorbringt.

Ein neues Leben

Ich habe jetzt ein neues Leben, in einem neuen Land mit anderen Prämissen und anderen Herausforderungen. Es ist oft ein sehr stilles Leben. Ich habe es so gewählt. Es hat viel Schönes und manchmal sind tagelang meine Begleiter nur die Sterne, die Berge und das Meer. Das muss nicht so bleiben, da ich ja schon auch gerne in Gesellschaft bin. Das Wichtigste im Leben ist eben immer wieder sich zu entspannen, in die jeweilige Situation. Und von da aus kann man neu schauen, Dinge verändern und dann für seine Entscheidungen die Verantwortung übernehmen.

95 Prozent der Auswanderer kehren nach Deutschland zurück, die meisten aus finanziellen Gründen und wegen fehlenden Kontakten. Ich sehe mich nicht als Auswanderer, eher als Umherwanderer. Keine Ahnung, wo ich landen werde. Aber falls jemand mit der Idee spielen sollte, es so wie ich zu machen, nun zwei Dinge sollte, neben Fremdsprachen, der- oder diejenige können. Er muss gelernt haben sich Geld zu besorgen, falls er keins hat (auch in einem Land wie Spanien mit der höchsten Arbeitslosenquote Europas) und er muss in der Lage sein, Unsicherheiten und Einsamkeit gut auszuhalten. Ich bemerke, dass es oftmals die Kleinigkeiten sind, welche man vermisst. Aber dann mit

dem weiten Blick sehe ich die Schönheit der Berge und die des Meeres, genieße die Wärme und den Flamenco und dann weiß ich, warum ich es getan habe und weiß, das Leben geht weiter, ob in Spanien, in Deutschland oder wo auch immer. Was wichtig ist, findet man Stück für Stück heraus, im besten Fall. Das, was man braucht, versucht man sich zu holen und lässt es dann manchmal wieder fallen. Und was ist mit der Liebe? Die bringt dich ja oftmals auch hoch hinaus und lässt dich dann wieder runter sausen -je nach Laune. Hin und wieder gibt sie einem Stabilität im Leben und manchmal empfindet man sie als emotionales Aneinander- Gekettet- Sein, als ein sich ständig Sorgen-um-den-anderen-machen, als unausgesprochenen Emotionalvertrag zwischen Partnern. Was ist dann aber mit Leuten wie mir? Die das nicht haben. Lieben sie nicht? Oder beschränkt sich ihre Liebe auf die Berge, das Meer? Ist das eine andere Liebe? Was zählt, glaube ich, ist: "Bist Du glücklich?"
Und das ist man manchmal schon, wenn man einverstanden ist, mit dem, was ist. Oder auch, wenn man das Gefühl hat irgendwie vollständig zu sein.

Was ist gerade wichtig?

Nach mehrmonatigen Unterwegsein stelle ich fest, dass mein Blick auf manche Dinge sich sehr geändert hat, als das zum Beispiel noch vor einem Jahr der Fall war. Vieles ist nicht mehr so selbstverständlich und der innere Raum von Dankbarkeit wächst anscheinend zunehmend. Ich habe inzwischen für mich gemerkt, dass es ist nicht so wichtig ist, ob Meer oder Berge da sind, Spanien, Frankreich oder was auch immer. Es ist schon auch wesentlich überhaupt mitmenschliche Beziehungen zu haben und Austausch mit Gleichgesinnten. Das Gefühl gebraucht zu werden ist für viele anscheinend auch sehr wichtig. Ich bin schon gerne ein Bastler und Tüftler, kann Tage damit verbringen ein Computerproblem zu lösen oder auch nur Klavier oder Gitarre zu spielen. Dies macht viel Spaß und ich empfinde meine Arbeit dann als sehr kreativ, so dass ich mich zwingen muss ins Bett zu gehen,-der Körper eben nach seinem Recht verlangt. Ich habe hier unten sehr wenig Kontakte, so gut wie fast keine eigentlich. Es macht mir nicht soviel aus, vielleicht weil ich eben ein paar Aufträge bekommen habe und dieses Gefühl des "Gebrauchtwerdens" momentan verspüre. Außerdem bin ich dank moderner Kommunikation immer noch mit Deutschland im Austausch. Ich spüre, dass ich Vertrautes nicht so einfach abstreifen kann und auch nicht möchte. Auch wenn ich jetzt im Herbst um Mitternacht auf der Terrasse sitzen kann, den Blick aufs Meer habe, über mir den Mond und um mich herum ein ausgestorbenes Dorf. Das ist schon luxuriös und einsam fühle ich mich eigentlich nie. Immer mehr sehe ich, dass anscheinend jeder mit seinem Menschsein zu kämpfen hat. So sind wir meiner Erachtens da, uns zu gegenseitig zu unterstützen, weil wir eben alle hin und wieder den Sinn oder auch die Kontrolle verlieren. Und so leben wir oft im Widerspruch, in der Angst, dass nicht genug für uns selbst übrig bleibt und wir auf der anderen Seite das Bedürfnis haben andere zu unterstützen. Ich bin in der DDR aufgewachsen, da war das nicht so ein großes Thema. Ich habe diese Auseinandersetzung erst im "Westen" kennen gelernt und da fiel es mir auch eher bei denen auf, die eigentlich aus meiner Sicht genug haben. Nun, wir zahlen alle einen Preis dafür, wie wir unser Leben gestalten. Der Geizhals vielleicht mit Ungeliebt sein, Einsamkeit und dem Gefühl, die Welt ist schlecht, der Gebende vielleicht mit dem Gefühl nicht genug zu geben, aber dem Gefühl ein wichtiger Teil der Gemeinschaft zu sein. Die Zeiten hier sind für viele sehr hart. Unglaublich viele Menschen haben überhaupt kein Einkommen und werden auch nicht vom Staat unterstützt. Manchmal leben zehn

Familienmitglieder hier von der Rente des Opas.
Letztens traf ich einen Bekannten, welcher hier im Dorf ein Haus hat. Wir sprachen über Webgestaltung und so ergab es sich, dass ich zwei Monate in seinem Haus wohnen kann und dafür seine Homepage richte. So bin ich dankbar, dass ich die nächsten zwei Monate ein Dach über den Kopf habe und weiter werden wir ja sehen.

Jeder Blick, jeder Windhauch

Nun, was ist denn so passiert? Hatte mich doch vermutlich die Schweinegrippe erwischt und das ohne Krankenversicherung. Ha, werden da manche sagen:" Jetzt haben wir ihn". Kann sich eben doch nicht so einfach davonschleichen und unser hochwertiges Gesundheitssystem nicht mehr unterstützen wollen. Nun, anscheinend habe ich die Schweinegrippe auch so gut überstanden, da bleibt man eben mal fünf Tage im Bett und versucht sich mit der Krankheit anzufreunden, was gar nicht so leicht ist. Wenn man dann noch kein Internet, kein Radio und Fernsehen hat und auch sonst niemand im Haus ist, wird man sehr schnell auf sich zurückgeworfen und dann gibt es Momente, da man sein Leben Revue passieren lässt und sich fragt, was da wohl noch kommen mag. Wie ist das Leben, wenn dich niemand mehr wahrnimmt? Du es zumindest nicht wahrnimmst, das dich jemand wahrnimmt. Dann wird es plötzlich sehr still. Dann geht eins ins andere über und je mehr du probierst es zu ändern, um so mehr bekommst du das Gefühl zu scheitern. So ist es besser, gar nichts zu tun, nur zu atmen, ins Feuer zu schauen und an keinen Gedanken hängen zu bleiben. Innere Stille! Und wenn du dann irgendwann wieder durch die Straßen gehst, registrierst du plötzlich jedes Detail, jeden Blick, spürst du jeden Windhauch. Für jede noch so kleine Geste bist du dann dankbar und plötzlich fühlst du stärker als sonst, was die anderen vermutlich so fühlen, oder manche eben auch nicht fühlen, da wir in einer Wahrnehmungsblase uns befinden, in welcher sich die Realität abspielt, oder was wir dafür halten. Wir sind beständig damit beschäftigt unsere Welt zu kreieren, sowie das Wesen, welches sich in dieser Realität befindet. Das ist unser Hauptzeitvertreib. Daneben gibt es aber noch das davon unabhängige zweite Selbst, welches ich das innere Selbst nenne. Dies kommt sehr selten zum Vorschein, aber es ist aus meiner Sicht das Eigentliche.

Das andere Selbst

Nun, wo waren wir stehen geblieben? Ach ja, beim inneren Selbst oder auch bei der Essenz, wie ich es gern nenne. Jeder kennt die Momente, wo das Gefühl von grenzenloser Weite entsteht und du dich selbst vergisst. Seien es die Momente bei einem Naturerlebnis, einem Konzert, einfach auf der Straße, im Alltag oder wo auch immer. Da stellt sich die Frage, kann ich jederzeit bewusst einen Kontakt zu meiner Essenz herstellen und wenn ja, wie? Ist dies überhaupt möglich? In vielen spirituellen Traditionen wird dieser Frage nachgegangen. Jede Tradition hat ihre eigenen Techniken und Methoden. Ich spüre in letzter Zeit verstärkt, wie ich mit diesem Thema beschäftigt bin. Es gibt eine Methode, welche verschiedene Namen hat und in der es darum geht, in das innere Zentrum eines Gefühls sich zu begeben, um dort dann diesen Raum von Weite und Zufriedenheit zu finden. Man muss ein wenig üben, aber mit der Zeit funktioniert es. Es gibt anscheinend ein paar begnadete Seelen, welche sich schon von Geburt an darin befinden, aber Leute wie ich müssen sich diesen Zustand oft erarbeiten. Wenn man es aber dann irgendwann schafft, diesen Kontakt herzustellen, wird vieles plötzlich sehr klar und es fällt einem leichter, Entscheidungen zu treffen und der Weisheit der Seele zu vertrauen. Denn das andere Selbst, welches wir gewöhnlich als unser "Ich" bezeichnen, jenes, welches wir der Welt zeigen und welches wir so gerne sein wollen,- dann aber auch oft nicht erreichen, was uns verzweifeln lässt und uns dann ein Gefühl von Scheitern gibt, sowie im Falle der Erfolges uns der Frage überlässt: " Und jetzt?", dieses "Ich", was sich ständig zwischen Hoffnung und Enttäuschung bewegt, von dem wissen wir gar nicht, ob es uns wirklich gut tut. Das merken wir meistens erst zu spät. Dann nämlich, wenn Krankheiten kommen oder uns das Gefühl der Sinnlosigkeit überkommt. So kann ich nach Monaten des Unterwegssein sagen, "Es ist nicht so wichtig, was du machst, wo du wohnst, wer du in der Welt bist. Wichtig ist, ob du ein "Ja" hast, ein Ja zu dir, ob du in Kontakt bist, einverstanden bist mit dem, was ist. Natürlich, wenn wir mit etwas nicht zufrieden sind, können wir versuchen es zu ändern. Aber solange wir unser wahres Selbst, wie ich es gern nenne, nicht mit einbeziehen, solange kratzen wir nur an der Oberfläche und es wird keine wirkliche Veränderung eintreten. Wir sind Schöpfer und was wir als wahr empfinden, wird uns im Außen begegnen. Aber für mich ist das Entscheidende, dass ich der Magie, dem Unerwarteten eine Chance in meinem Leben einräume. Dafür muss ich nicht nach Spanien reisen. Aber ich muss bereit sein, Altgewohntes zu verlassen und mich der Freiheit stellen. Das ist aber das, wovor wir anscheinend die größte Angst haben. Wir wollen nicht frei sein. Das ist die tiefe Wahrheit und gleichzeitig sehnen wir uns danach. In diesem Widerspruch bleiben wir oft gefangen. Alle haben wir gemeinsam, dass wir irgendwann der Wahrheit gegenübertreten müssen, wenn wir frei sein wollen. Wir können natürlich auch unser Leben damit verbringen, da nicht hin zuschauen. Viele tun dies und sind anscheinend zufrieden.

Sie bleiben aber aus meiner Sicht Opfer ihrer Emotionen und ihrer Umstände und wenn man da mal nachfragt, so hört man dann Sätze wie: „So ist es halt. Das ist das Leben" Aber wenn du so nicht leben willst, dann wird dies für dich nicht funktionieren. Dann musst du dem Ruf folgen, egal wo er dich hinführt.

Konditionierungen

Da hat mich doch auf einigen Umwegen die Nachricht erreicht, dass ich 20 € nicht bezahlt habe, welche ich im Oktober hätte zahlen sollen. Ich hatte es tatsächlich vergessen. Jedenfalls sollte ich ich mich beim Hauptzollamt irgendwo im Schwabenländle melden. Als ich da anrief, teilte man mir mit, dass schon der Haftbefehl für mich geschrieben ist und dass bei meiner nächsten Einreise in Deutschland mir am Flughafen die Handschellen angelegt würden. Ufff, die HypoReal jagt mal so 20 Milliarden in die Luft, da sagt keiner was, aber bei 20 € hört der Spaß für die Beamten auf.

20 € sind ja irgendwie auch greifbarer, verstehe ich. Ist bei mir auch so. Irgendwie beschlich mich aber so ein Gefühl, ich weiß nicht, von na ja, die machen einfach ihre Arbeit, sei sie auch noch so sinnlos, aber man hat dann das Gefühl, dass der Tag Struktur bekommt oder so. Jedenfalls habe ich es jetzt bezahlt. Dann lese ich, dass es inzwischen auch verboten ist, dass native Medizinmänner Heilungszeremonien in Deutschland abhalten. Ich bin ja über einen Zeitraum von acht Jahren immer wieder zu einem Medizinmann von den Lakota-Indianern gegangen. Er hat mir damals viel geholfen und gezeigt. Er hat einiges von meiner Aggressivi-

tät genommen, welche ich als junger Mensch hatte und durch ihn bin ich sanfter geworden. Er lehrte mich unter anderem mit den Steinen zu sprechen und den Pflanzen zu zuhören. Inzwischen geht das also nicht mehr. Die Medizinmänner sollen jetzt, so wie ich das verstanden habe, erst ein Medizinstudium machen und eine Zulassung als Arzt in Deutschland bekommen, wenn sie hier ihre Zeremonien abhalten wollen. Vermutlich, damit ihnen im Studium dieser Unsinn ausgetrieben wird und sie statt dessen ihren Patienten bunte Pillen verkaufen. Sind ja Arbeitsplätze.

Also, ohne Ärztekammer und Pharma geht nix. Ist wie in Sicilia, einer muss ja die Kontrolle haben. Und dann frage ich mich, wieso in Deutschland exakt die selben Medikamente vier- bis achtmal mal so teuer sind wie in Spanien? Wurde deshalb die EU gegründet, damit gewisse Leute noch mehr Macht ausüben und besser ihr Zeug verkaufen können?

Dann denke ich, nicht daran hängenbleiben, in Lösungen denken. Das muss ich auch hier jeden Tag in meinem andalusischen Dorf.

Die normale Welt interessiert mich auch hier nicht so sehr und oft bin ich froh, dass da, wo es aus meiner Sicht schön und wild ist, ich selten jemanden treffe. Da kann ich dann gut sein, höre dem Wind zu, schaue einfach in die Weite und versuche einen Weg zu finden, wie ich mit dem, was mir so im Leben begegnet, umgehen kann.

Letztendlich weiß ich, das ich für die Reaktionen meiner Umwelt selbst die Verantwortung trage. Wenn ich einem wilden Tier gegenüberstehe und Angst habe, übernimmt das Tier meine Angst und reagiert entsprechend. Man kann dann die wilden Tiere ausrotten und so das Problem lösen, so macht man das normalerweise, aber ich persönlich möchte mich ja nicht auf diesem Niveau bewegen, sage ich mir immer. Aber wie kann man dieses erste Gefühl von Abneigung oder Angst überwinden? Und an diesem Punkt stelle ich fest, dass es da Unterschiede in den Kulturen gibt. Sanfte Kulturen haben diese Probleme weniger. Für sie ist das Universum freundlich. In der Geschichte der Menschheit kann man sehr leicht nachvollziehen, welche Kulturen die aggressivsten Kriege geführt haben. Es hat aus meiner Sicht für mich viel mit Konditionierung zu tun. Wir übernehmen die Gefühle und Gedanken unserer Erzieher. In jeder Kultur! So ist für mich die Herausforderung in der heutigen Zeit, die Konditionierungen zu durchbrechen.

Zwischenlandung

Es ist zwar schon eine Weile her, aber im Dezember gab es eine Zwischenlandung in Deutschland und es war gar nicht so schlecht. Ich hatte ein Konzert zu spielen und so reiste ich ins Schwabenländle ein, mal vorsichtshalber über die Schweiz. Weiß ja nicht, wie schnell die Beamten mich da vergessen haben. Und im Nachhinein kann ich sagen, dass es mir richtig gut gefallen hat, mal abgesehen von der Kälte. So Stippvisiten haben was. Die alten bekannten Gesichter zu sehen, vertraute Plätze aufzusuchen, das hat mir gefallen. Jetzt bin ich aber wieder hier in meinem andalusischen Dorf und die Zeichen hatten es angekündigt. Es bläst mir ein kalter Wind ins Gesicht. So gut wie alles ist anders als noch vor ein paar Wochen. Es regnet sehr viel, was ungewöhnlich ist für andalusische Verhältnisse. Bin auch schon wieder umgezogen, diesmal in ein Haus, was sehr schön, aber viel zu teuer für mich ist. Und die Möglichkeit an Geld zu kommen, sehe ich gerade auch nicht. Mein Sohn hat sich mit seiner Freundin als Besuch angekündigt, was eigentlich sehr schön ist, aber wohl meine letzten Geldreserven aufbrauchen wird. Es ist Winter und niemand hier im Dorf hat groß Arbeit. Ich habe manchmal den Eindruck, das ganze Dorf lebt von einem 20 € Schein, der hier immer die Runde macht. Es scheint, dass die Zeit der Regeneration, des Auftankens vorbei ist und mein Vertrauen ins Leben, sowie meine Kreativität zum Zuge kommen sollen. Momentan fällt mir aber da nichts ein. Ich ertappe mich dabei, wie ich mich manchmal einfach nach einem sogenannten spießigen Leben sehne, mit einem Fernseher, einer Frau und irgendeinem Job, der überhaupt keinen Sinn machen muss. Nach sieben Monaten des mehr oder weniger Reisens bin ich müde. Müde davon, dass meine Sachen überall verstreut sind, müde davon, mir immer wieder etwas einfallen lassen zu müssen, wie ich auf kreative Weise mein Geld verdienen kann. Wie wäre es denn mit beamteter Schleusenwärter, wo alle zwei Wochen mal ein Schiff vorbeikommt? Den Rest der Zeit verbringe ich mit Klavier und Gitarre spielen, Spazieren, Rauchen und Kaffee trinken. Ich glaube, das probiere ich mal als Nächstes aus. Es dürfen mich auch nur Leute besuchen kommen, welche keine Erwartungen an mich haben. Und die meiste Zeit höre ich nur das Rauschen des Windes. Irgendwie so stelle ich es mir manchmal vor. Na ja, warm muss es sein, zumindest im Haus und immer gut zu essen und nachmittags gibt es frisch gebackenen Kuchen.

Die Weisheit der Ziegen

Ein alter Indianer sagte mal vor sehr langer Zeit anscheinend Folgendes: "Jedes Wesen auf der Erde hat seinen Platz und seine Aufgabe, die Pflanzen und die Tiere wissen, was sie zu tun haben. Nur wir Menschen wissen anscheinend nicht, was wir hier sollen." Und wenn ich mich so im Straßencafé umschaue, dann habe ich doch tatsächlich hin und wieder den Eindruck, dass viele einfach nur so herumirren. Letztendlich nicht wissend, wo wirklich mit sich hin. Natürlich kann man irgendwie Geschäftigkeit vortäuschen und viele können sicherlich ihren Daseinszweck gut erläutern. Meine Erfahrung ist oft, ich kann Dinge tun und ich kann sie auch lassen. Es macht auf einer bestimmten Ebene keinen Unterschied. Ich selbst irre auch oft herum und dann denke ich, wieso bleibe ich nicht einfach sitzen. Ob ich jetzt eine neue CD produziere oder nicht, ist eigentlich gleich. Die Welt braucht nicht noch eine CD. Na ja, man macht es dann doch, weil man gerade nix Besseres zu tun hat, weil es manchmal Spaß macht, oder weil man glaubt, dass vielleicht Geld reinkommt oder so. Ich für mich persönlich habe gemerkt, ob ich mich abmühe mit Dingen, welche mir nicht so viel Freude bereiten oder nicht, ist völlig gleich. Das Geld ist irgendwie immer dasselbe.

Also kann ich auch das machen, was mir Freude bereitet. Dann ist es oft so, dass ich mich bei der Arbeit entspanne, das heißt, wenn ich das tue, was ich als meine wirkliche Arbeit empfinde. Wenn ich spiele, komponiere oder ein neues Seminar kreiere, bin ich in einem euphorischen Zustand und fühle mich sehr wohl und wach. Meine Arbeit wird zwar nicht immer bezahlt, aber sie ist für mich ein Bedürfnis und ich werde immer sicherer in dem Gefühl, dem zu folgen, was ich als richtig erachte und dem, was mir als unrichtig erscheint, aus dem Weg zu gehen.

Vamos a ver. Für heute habe ich genug geschrieben. Jetzt werde ich in die Berge gehen, in der Sonne sitzen, den Ziegen zuschauen und von ihnen lernen. Die wissen nämlich was zählt im Leben: Essen, schlafen, Kinder machen. Von mir aus auch in einer anderen Reihenfolge.

Der Klang der Intensität

Nun, kürzlich bin ich wieder mal umgezogen, allerdings nur zwei Häuser weiter. Jetzt wohne ich in einem sehr individuellen Künstlerhaus. Es ist ein sehr angenehmer Platz mit der perfekten Arbeitsatmosphäre. Ein kleines, helles Atelier unterm Dach mit Fußbodenheizung, von dem aus ich die Dächer vom Dorf, die Berge und das Meer sehen kann. Nach wie vor ist es sehr still. Hin und wieder höre ich das Meckern der Ziegen oder ein Maultier trabt vorbei. Ich genieße oft auch die Wärme und die Sonne, aber vor allem wenn es regnet, fühle ich mich sehr aufgehoben und freue mich, dass ich mir den Tag so einrichten kann, wie ich es möchte. Ein Gefühl von Zeitlosigkeit ist unterschwellig immer vorhanden. Das Geld ist etwas knapp, aber irgendwie geht es bis jetzt. Nach wie vor lebe ich von meinem CD Verkauf, erstelle manchmal Homepages, gebe ab und zu Konzerte und Seminare. Insofern hat sich da die letzten Wochen nichts verändert. Sehr oft gehe ich Wandern in die nähere Umgebung oder gerne auch für ein paar Tage an die "Costa de la Luz" oder ins Baskenland. Allein oder auch mit M. und Gerado. Gerado ist 86 Jahre alt und topfit. So kann man also auch sein Alter erleben, denke ich mir und ich bin wirklich beeindruckt. Er hat sogar mehr Kondition als ich. Auch ist es wirklich eine Freude Spanien auf diese Art zu erkunden. Die unterschiedlichsten Vegetationszonen gibt es auf relativ kleinem Raum.

Die Stille und die Weite der Berge, der Geruch von Lavendel und Thymian immer präsent und oftmals sieht man in der Ferne das Meer glitzern. Die meiste Zeit allerdings bin ich in meinem Atelier und musiziere, probiere Dinge aus und manchmal warte ich darauf, dass etwas passiert, dass Besuch kommt oder ein Engagement. Dann wird es vorübergehend etwas lebhafter und der Klang der Intensität in meinem Leben bekommt eine andere Farbe. Indem ich dies alles bewusst erfahre, fühle ich mich verbunden.

Hin und wieder denke ich daran zurück, wie es früher war, -mein altes Leben. Nach wie vor kann ich nicht wirklich nachvollziehen, wie letztendlich dieser innere Wandel, dieses neue Lebensgefühl von Gelassenheit und Vertrauen zu Stande kam und es scheint tatsächlich dauerhaft zu sein. Die dunklen Schatten und Stimmen im Inneren, sowie in meinem äußeren Leben sind verschwunden. Es gibt keine Garantie, dass es so bleibt. Aber darüber sorge ich mich momentan nicht.

Ursprünglich bin ich einfach so losgegangen, nur einem bestimmten inneren Gefühl folgend.

Nicht wirklich wissend, was ich suchte. Ein wenig hatte ich vielleicht die Hoffnung, einen neuen Platz in meinem Leben zu finden. Nun, jetzt kann ich sagen, ich habe ihn vorübergehend gefunden. In meinem Inneren fühle ich mich mehr zu Hause angekommen. In meinem äußeren Leben wohne ich nach wie vor mal da und mal da. Noch immer habe ich das Empfinden, keine eigene Wohnung zu brauchen. Mal wohne ich bei Freunden, mache Housesitting und hin und wieder miete ich mir für ein paar Wochen etwas.

Nach wie vor versuche ich authentisch zu leben, folge dem, was sich stimmig anfühlt und wonach mein Körper in seiner Natürlichkeit verlangt. Auch versuche ich nicht nur mit Freunden liebevoll umzugehen. Wenn ich zum Beispiel unter einen Baum sitze, empfinde ich ein liebevolles Gefühl für den Baum und ich spüre, wie wir in Resonanz gehen. Es entsteht ein Zustand von Dankbarkeit und Respekt, ein Zustand, in dem ich das Gefühl habe, zu leben, so wie ich es mag. Ein Zustand, in dem ich mich frei und unabhängig auf jeglicher Ebene fühle und in dem das Wissen vorhanden ist, dass ich das, was ich tatsächlich brauche im Leben, mir jederzeit zugänglich machen kann bzw. es mir auf die eine oder andere Weise gegeben wird. Das Leben als Tanz. Irgendwann wird mein Tanz hier woanders stattfinden, ob in Deutschland, Spanien oder sonst wo. Ich werde weiter mit vollem Genuss und Bewusstsein rauchen, trinken, lieben und weiterhin darauf pfeifen, was viele so glauben, was richtig ist und wie man leben soll. Indem ich tief die Dinge fühle, auf jedes Detail achte und wach bleibe, versuche ich weiter zu erahnen, worum es hier eigentlich, bei dieser ganzen Sache, genannt Leben, vielleicht so geht.

Epilog

Meinen Platz habe ich noch nicht gefunden, aber vielleicht ist dies auch nicht so wichtig. Wichtig ist, dass wir dieses Gefühl von zu Hause sein überall erfahren können und dass das Leben weitergeht, selbst wenn es manchmal so aussieht, als ob alles zusammenbricht. Kurios ist auch, dass man sich an diese Lebensweise gewöhnen kann, da sie diesen unglaublichen Geschmack von Intensität hat. Im Nachhinein kann ich sagen, dass es viel um Vertrauen geht. Um Vertrauen, Intuition und worauf man sich ausrichtet. Wenn man bereit ist, Erwartungen los zu lassen und die Verantwortung für die eigenen Illusionen übernehmen kann, kommt man öfters an einen inneren Punkt von Einverstandensein. Es fällt einem leichter, das Spiel des Lebens ein Stück weit besser zu verstehen. Man sieht, was Menschen so antreibt und dann wird es oft sehr lustig.

Jeoma Flores ist freiberuflicher Musiker mit Schwerpunkt auf spanischer und lateinamerikanischer Gitarrenmusik.
Daneben bietet er Wanderungen und Schwitzhüttenrituale an.

Infos über seine Musik finden Sie auf
www.jeomaflores.com

Infos über geführte Wanderungen und Schwitzhütten auf
www.adventurespirit.de